DESCARTES NA ERA DA INFORMAÇÃO

João de Fernandes Teixeira

DESCARTES NA ERA DA INFORMAÇÃO

EDITORA
IDEIAS&
LETRAS

Direção Editorial
Edvaldo M. Araújo

Conselho Editorial
Fábio E. R. Silva
Jonas Luiz de Pádua
Márcio Fabri dos Anjos
Marco Lucas Tomaz
Orlando Augusto Silva Cassiano

Preparação
Daniel de Vasconcelos Andrade

Revisão
Andresa Mariana

Diagramação e Capa
Airton Felix Silva Souza

1ª impressão

Editora Ideias & Letras

Avenida São Gabriel, 495
Conjunto 42 - 4º andar
Jardim Paulista – São Paulo/SP
Cep: 01435-001
Televendas: 0800 777 6004
vendas@ideiaseletras.com.br
www.ideiaseletras.com.br

Dados Internacionais de Catalogação na Publicação (CIP) de acordo com o ISBD

T266d Teixeira, João de Fernandes

Descartes na Era da Informação / João de Fernandes Teixeira. – São Paulo : Ideias & Letras, 2023.
144 p. ; 16cm x 23cm. – (Coleção Filosofia e História da Ciência)

Inclui bibliografia e índice.
ISBN: 978-65-87295-56-5

1. Filosofia. 2. Informação. 3. Inteligência Artificial. 4. Descartes. I. Título. II. Série.

2023-1637 CDD 100
CDU 1

Elaborado por Odilio Hilario Moreira Junior - CRB-8/9949
Índices para catálogo sistemático:
1. Filosofia 100
2. Filosofia 1

Para os meus amores: Malu, Jujuba† e Tâmara.

AGRADECIMENTOS

Agradeço aos meus ex-alunos e amigos André Sathler Guimarães e Nivaldo Machado (*in memoriam*) pela leitura cuidadosa do texto, o que evitou que muitos erros passassem despercebidos. Agradeço também à minha aluna e amiga Suely Molina, por sua disponibilidade e encorajamento nas horas mais difíceis.

À Paula Felix Paula, que fez a revisão final do texto, deixo também um agradecimento especial, por sua dedicação, profissionalismo e amizade. Sou grato também à Monica Aiub, ex-aluna e amiga, que leu a primeira versão deste livro.

À minha esposa Maria Luiza, a Malu, por me socorrer nos momentos de aflição e pelo seu amor interminável.

"Não era um que via uma coisa e outro outra, ou que um via um lado das coisas e outro um lado diferente. Não: cada um via as coisas exactamente como se haviam passado, cada um as via com um critério idêntico ao do outro, mas cada um via uma coisa diferente, e cada um, portanto, tinha razão. Fiquei confuso desta dupla existência da verdade."

Fernando Pessoa

SUMÁRIO

Prefácio

Como a pequena voz que habita a nossa cabeça e que acompanha tudo o que fazemos poderia afirmar que a consciência não existe? Como a consciência poderia afirmar que ela mesma não existe? É paradoxal que alguns filósofos contemporâneos queiram negar a existência de um dado imediato do qual não conseguimos nos livrar voluntariamente. Não conseguimos estancar o fluxo da consciência. Esse tem sido o objetivo de todas as técnicas de meditação. Mas é uma tarefa quase impossível. Até quando dormimos a consciência está ativa e se manifesta na forma de sonhos lembrados no dia seguinte, ou na forma de sonhos que podem ter ocorrido, embora não nos lembremos deles.

Esse negacionismo tem como consequência diluir a subjetividade e a ideia de pessoa – pilares conceituais inabaláveis das sociedades que buscam uma rejeição do totalitarismo. As sociedades de controle total nas quais vivemos hoje em dia esmagam a noção de subjetividade por intolerância a opiniões divergentes. No jogo simbólico letal que ocorre na internet dia e noite, dados pessoais são apropriados de forma sorrateira e usá-los ou vazá-los continua sendo um crime impune. A fortaleza da subjetividade ruiu.

Muitos filósofos contemporâneos apoiam as estratégias usadas pela ciência para dissolver o conceito de pessoa. A neurociência, por exemplo, diz que nós somos apenas os nossos cérebros. A inteligência artificial, com as suas técnicas de *big data* e de aprendizagem de máquina, afirma que pode produzir conhecimento sem a participação da mente humana.

Estamos vivendo uma revolução sem percebê-la. Talvez seja o golpe mais profundo no narcisismo humano, tão radical como o de Copérnico, de Darwin ou de Freud. Não precisamos mais do sujeito para produzir a ciência, que agora pode ser gerada por máquinas estatísticas, muito mais rápidas e poderosas do que o cérebro humano. Caminhamos para um novo paradigma, no qual o conhecimento é "dessubjetivado". A informação não precisa de consciência, alegam os pesquisadores da inteligência artificial. Mas o paradoxo é o fato de que não temos a menor ideia do que caracteriza um estado mental consciente. Como afirmar que podemos prescindir da consciência sem sabermos o que ela é?

Vivemos uma reorganização do conhecimento tão profunda como a que ocorreu no século XVII, provavelmente sem nos darmos conta disso. Foi nessa época que se consolidou a ciência da natureza baseada na matemática – as "ciências exatas", inventadas por grandes pensadores como Francis Bacon, Galileu Galilei e René Descartes.

A preocupação central de Descartes era o conhecimento. Era saber como distingui-lo da opinião, das armadilhas teóricas e como organizá-lo hierarquicamente. Essa tarefa se tornou praticamente impossível depois da invenção da internet e das redes sociais. Elas nos dissociam ainda mais da representação correta do mundo e abrem caminho para o retorno das democracias retóricas, hoje chamadas de populistas.

Escrever um livro sobre Descartes, revisitar a sua filosofia, não é apenas refletir sobre o conhecimento, mas também contribuir para resgatar uma ideia fundamental que está desaparecendo: a subjetividade. Esse conceito foi um dos temas centrais da filosofia por séculos.

Não busco retornar a uma metafísica reflexiva. A interpretação da filosofia de Descartes que apresento aqui está longe disso. Mas busco mostrar que é possível reinventar um "dualismo de substâncias". Ele nunca foi incompatível com a ciência, embora tenha sido soterrado pelos preconceitos de filósofos e de cientistas do século passado – que ridicularizaram todas as filosofias que não assumiam uma visão reducionista das relações entre mente e cérebro. Rejeitar a percepção da filosofia de Descartes como anticientífica é uma das principais tarefas deste livro.

Lamento escrever numa época em que a reflexão filosófica não é bem-vinda, pois há um impulso generalizado de se recusar tudo que é teórico. Em nome da necessidade de dominar a natureza rapidamente para resolver problemas cotidianos urgentes, as sociedades contemporâneas passaram a considerar a filosofia como o resultado de um ócio inútil que não pode mais ser tolerado. A ciência se tornou tecnociência e, com isso, desistimos de compreender a natureza. Desistimos também de uma percepção do mundo, o que está nos levando a destruir a natureza, agindo como se não fôssemos parte dela.

Introdução

René Descartes (1596-1650) e Alan Turing (1912-1954) foram os fundadores do mecanicismo. A visão mecânica do mundo foi proposta por Descartes no século XVII e floresceu com a invenção do computador digital, que abriu caminho para a inteligência artificial no século passado. Descartes e Turing, cada um em seu tempo, discutiram os limites e as possibilidades da imitação mecânica da mente humana.

Examinarei, neste livro, a filosofia de Descartes – o *cartesianismo* – pela perspectiva da filosofia da mente contemporânea e da inteligência artificial. A dualidade entre mente e corpo é a base da ciência moderna. No século XX, ela se tornou a dualidade entre *software* e *hardware*, o que abriu caminho para a inteligência artificial. Busco compreender essa dualidade no interior do sistema cartesiano e desfazer o preconceito que a desqualifica como um dogma metafísico.

Descartes viveu no século XVII e foi um polímata, isto é, um conhecedor das ciências de sua época e um grande estudioso de filosofia. Os historiadores atribuem a ele um papel fundamental: o expoente de uma revolução da qual se originou a ciência moderna e uma nova abordagem da filosofia que privilegia a razão sobre a fé.

Hoje em dia, chamar alguém de cartesiano soa pejorativo. "Cartesiano" significa seguir, literalmente, uma cartilha inquestionável de regras em um processo no qual a intuição nunca participa. É um racionalismo cego, que não leva em conta as emoções. Também significa inflexibilidade no modo de agir. Qualquer semelhança com a ideia de algoritmo é mera coincidência.

Nas últimas décadas, Descartes passou a ser responsabilizado por uma visão distorcida do mundo, cujas consequências se estendem até hoje – a visão que compreende uma tecnologia desumanizada, a vida mecanizada das sociedades contemporâneas, as mudanças climáticas e outros problemas ecológicos. Todos esses transtornos teriam raízes na filosofia de Descartes, pois esta provocou uma sobrevalorização do ser humano sobre a natureza, assim como a defesa do mecanicismo como modelo de mundo.

Há uma meia-verdade nessas afirmações. O cartesianismo pode ser considerado o precursor do pensamento algorítmico, estritamente mecânico, ao qual as sociedades hoje em dia têm de se adaptar. Tudo é cada vez mais governado por algoritmos – que passaram a ser chamados de protocolos. Tudo tem que seguir protocolos. Passamos a vida subjugados por eles, tentando compreender e imitar o funcionamento das máquinas. Será que Descartes foi realmente o avô desse pesadelo?

Desvalorizar o cartesianismo é uma das modas intelectuais recentes, inspirada no desconhecimento e na caricatura preconceituosa do pensador que, séculos atrás, inventou o método científico, resultando no florescimento das ciências e das tecnologias com as quais convivemos hoje. É um preconceito forjado por gurus corporativos e profissionais de *coaching*, um preconceito que se espalhou por vários setores do mundo acadêmico. Atualmente se fala até de uma "trava cartesiana", e que o pensamento de Descartes estaria inviabilizando o desenvolvimento da ciência contemporânea. Essa é mais uma suposição preconceituosa.

Nesta pequena obra, busco resgatar a riqueza e a atualidade do pensamento cartesiano. Concentro-me na filosofia da mente de Descartes, tema que abordei em um capítulo do meu penúltimo livro, *A velha xereta*, publicado em 2020, no auge da pandemia do coronavírus. Foi nesse capítulo que formulei a hipótese de que a ciência de Descartes é a chave para a compreensão de sua metafísica.

O "dualismo de substâncias" é a mais antiga e popular filosofia da mente que conhecemos, pois ela está presente na maioria das religiões. Mente e matéria, corpo e alma, são entidades totalmente diferentes. Descartes transforma o dualismo de substâncias em tema central de sua metafísica. Mas ele esbarra na formulação de um modelo coerente que permita que mente e corpo, embora substâncias radicalmente diferentes, possam interagir entre si. Acredito que esse enigma pode ser elucidado se lermos, paralelamente à metafísica de Descartes, a sua ciência, que aborda o ser humano e a natureza.

Não me proponho aqui a percorrer e reapresentar o pensamento de Descartes. Tenho certeza de que se eu ousasse essa tarefa, ela permaneceria incompleta. Além disso, já dispomos de inúmeros artigos, livros, teses e dissertações que percorrem e analisam minuciosamente os principais conceitos da filosofia cartesiana. Também não pretendo apresentar a sua filosofia utilizando o método estrutural, que visa uma reconstrução racional pormenorizada dos textos de filósofos do passado. Essa tarefa já foi magistralmente realizada pelo filósofo francês Martial Gueroult (1891-1976). A obra *Descartes segundo a ordem das razões* (1953), de sua autoria, é provavelmente o mais extenso e minucioso comentário sobre um dos principais textos de Descartes, as *Meditações Metafísicas*, publicado em 1641.

Os meus objetivos são diferentes. Como primeira tarefa, busquei uma reaproximação entre alguns problemas da filosofia de Descartes e o modo como esses problemas reaparecem na filosofia da mente contemporânea. Essa tarefa me levou a comentar algumas passagens da sua filosofia, mas sem buscar uma exposição histórica completa do cartesianismo.

A segunda tarefa foi a de apostar numa leitura retrospectiva da filosofia de Descartes. Eu a interrogo pela perspectiva de um homem do século XXI, valendo-me da ciência contemporânea que ele mesmo ajudou a fundar há mais de quatro séculos. Focalizo, em especial, o problema da interação entre mente e corpo, e tento vislumbrar possíveis soluções para esse problema por meio da própria ciência de Descartes. Existirão entidades híbridas que possam servir de interface entre mente e corpo? Será possível reler esse problema na obra de Descartes utilizando alguns conceitos científicos contemporâneos, mais especificamente, o conceito de informação?

Proponho uma leitura herética do cartesianismo, na qual a metafísica de Descartes não é interpretada como fundamento da sua ciência. Acredito que ambas são igualmente fundamentais e se complementam. Se pudermos reabilitar a ciência de Descartes como parte essencial do seu sistema filosófico, o uso de uma noção científica contemporânea (como a informação) para repensar o problema da interação entre mente e corpo não será percebido como uma interpretação exageradamente heterodoxa do cartesianismo.

A teoria da informação, que utilizo como base para reinterpretar o dualismo substancial, não poderia estar no horizonte de um pensador do século XVII. No entanto, se ela é atualmente utilizada em várias ciências (como a física, a biologia e outras), então por que não a usar também para iluminar um problema filosófico? Até que ponto a vida mental pode ser interpretada como informação? Como ficariam os novos contornos da questão das relações entre mente e corpo? Por essa nova perspectiva, o dualismo de substâncias pode ser recuperado como uma teoria consistente.

Para a leitura tradicional do cartesianismo, a ciência de Descartes é apenas uma curiosidade histórica, um anexo da sua filosofia, algo que, no máximo, poderia apenas despertar a curiosidade dos historiadores. Nas próximas páginas, espero mostrar que essa interpretação é incorreta, e que a revolução filosófica de Descartes se baseia na sua ciência e no modo como ela se inter-relaciona com a sua metafísica.

Considero que um dos benefícios de se defender tal visão herética do cartesianismo é o fato de que, a partir dela, a separação entre mente e corpo proposta por Descartes deixa de ser um problema intratável. O dualismo de Descartes não explicava como mente e matéria poderiam interagir. Mas com a reinterpretação proposta aqui, apoiada na ciência de Descartes e na teoria da informação, o dualismo de substâncias deixa de ser uma teoria indefensável.

Existem razões históricas para a rejeição e para a invisibilidade da ciência cartesiana nos últimos séculos. Uma dessas razões é a de essa ciência ter sido duramente criticada pelo físico Isaac Newton, o formulador da lei da gravitação universal. No século XVIII, a ciência de Newton tornou-se também filosofia da ciência, o modelo a ser seguido pelo conhecimento científico. Ele defendia a existência do vazio, uma ideia que colidia frontalmente com as hipóteses científicas de Descartes, cuja ciência então caiu no esquecimento pouco tempo depois.

Além disso, a leitura-padrão da filosofia de Descartes sugere que todos os enunciados de sua ciência são derivados, dedutivamente, da sua proposição emblemática: "Penso, logo existo", ou *cogito, ergo sum*. Essa proposição é metafisicamente robusta, pois é a primeira certeza que permite a Descartes sair do pesadelo cético. Mas será que o *cogito* foi a única alavanca sobre a qual se apoiou toda a ciência de Descartes?

Curiosamente, a obra científica de Descartes é muito mais extensa que os seus livros filosóficos. É provável que ele considerasse a sua ciência mais importante do que a sua filosofia. Por exemplo, uma de suas obras magistrais,

Princípios de Filosofia, publicada em 1644, era considerada por ele um prelúdio à sua ciência, um texto introdutório no qual ele formula as regras principais do método científico.

Em uma carta dirigida à Elisabeth da Bohemia, datada de junho de 1643, Descartes enfatiza que a sua principal tarefa é a construção de uma ciência pragmática e bem-sucedida. Nessa carta, ele também expressa a sua impaciência por ter que responder a todas as objeções dirigidas às suas *Meditações*, por considerar que o estudo da ciência deveria ter prioridade sobre a reflexão filosófica.

A correspondência de Descartes com Elisabeth, entre 1629 e 1637, mostra que nessa época ele se devotou a escrever o seu tratado sobre ótica, geometria e meteorologia. O livro *Le Monde* ("O mundo ou tratado da luz") também foi escrito nesse período, mas Descartes não o publicou por recear uma desavença com a igreja católica (que nessa época estava processando Galileu por defender o heliocentrismo, e por insistir que a Terra se movia).

Acredito que a releitura do dualismo substancial cartesiano que proponho aqui serve para mostrar que existem veredas para se conceber a questão da interação mente-corpo sob uma nova luz. Defendo que existem aproximações entre mente e matéria que permitem soluções possíveis para o problema metafísico da interação entre o físico e o mental. Porém, para aceitar essa possibilidade, ou pelo menos para não a tornar incompatível com a filosofia proposta por Descartes, é preciso mostrar como essa solução possível se apoia na ciência cartesiana, especialmente em sua física e em sua fisiologia. A ideia de "vazio" na física, de "espíritos animais" na fisiologia e a "doutrina da glândula pineal" são elementos que, junto ao conceito contemporâneo de informação, podem clarificar a conexão entre mente e corpo.

No entanto, para realocar o papel da ciência no sistema metafísico cartesiano é preciso ir na contramão da tradição histórica, a qual atribui uma relevância maior aos textos filosóficos de Descartes do que aos seus textos científicos. Descartes foi um grande filósofo. E foi também um grande cientista. Precisamos nos desfazer do modo como a história nos legou uma imagem estereotipada do pensamento cartesiano, composta por uma metafísica com problemas intratáveis e por uma ciência obsoleta.

A ciência de Descartes é datada e, por vezes, parece até pitoresca, como sugere o filósofo brasileiro Érico Andrade. Hoje em dia sabemos que os dados empíricos nos quais ela se baseia são incorretos. Mas isso não significa que ela não tem uma importância filosófica no pensamento cartesiano. A interpretação tradicional do cartesianismo, estimulada pelo estruturalismo, pressupõe que a ciência e a filosofia de Descartes podem ser separadas. Contudo, não compartilho desse ponto de vista. A releitura da fisiologia de Descartes é a chave para repensarmos a conexão entre mente e corpo. Ciência e filosofia formam uma unidade no sistema cartesiano. Elas podem certamente ser lidas e estudadas como independentes. Mas essa estratégia, adotada até agora pela comunidade acadêmica, pode ter consequências deletérias para a compreensão do pensamento de Descartes.

Recuperar a ciência de Descartes também significa reconstruir a sua metafísica para que assim seja possível resgatar o seu realismo científico. Mas como isso seria possível no século XXI? De que maneira a física cartesiana poderia conviver com teorias como a da relatividade e a da mecânica quântica, na qual a matéria é uma noção abstrata? Para enfrentar essas questões e o significado do ceticismo de Descartes, lancei mão da hipótese de que vivemos em uma simulação – uma ideia defendida pelo filósofo Nick Bostrom.

Descartes foi profético e, ao mesmo tempo, obsoleto. Ele foi profético ao antecipar os debates filosóficos sobre a inteligência artificial, e ao sustentar que a consciência permaneceria um elemento intratável na visão de mundo mecanicista. Acredito, entretanto, que ele errou ao estender sua teoria dos autômatos para os animais, transformando-os em criaturas inconscientes incapazes de sentir dor.

Penso que a história da filosofia não é uma atividade estritamente arqueológica. Ela é o resultado da interpretação, sempre no presente, de gerações sucessivas de leitores. Uma filosofia sobrevive quando o seu texto é ambíguo, aberto, e quando pode ser indefinidamente submetido a interpretações distintas. Não conseguimos nos aproximar de um sistema de pensamento sem interpretá-lo, reinventá-lo ou, às vezes, deformá-lo.

A criatividade na história da filosofia se manifesta não apenas na exegese do passado. É preciso que os textos dos grandes filósofos iluminem questões contemporâneas. Novas filosofias podem ser escritas usando, instrumentalmente, conceitos e elementos de sistemas filosóficos do passado. Fazer história da filosofia é montar um quebra-cabeça que tem várias soluções possíveis.

Na aventura que apresento neste livro, certamente o Descartes que viveu no século XVII foi perdido de vista. Provavelmente, o filósofo que apresento como inventor do cartesianismo nunca tenha existido. Talvez eu tenha procedido como Pierre Menard, o personagem de Borges que queria "atualizar" o livro *Dom Quixote*, de Cervantes, mas acabou reproduzindo-o literalmente. Um mesmo texto, mas interpretações divergentes – como se o sentido pudesse emergir de modo distinto das mesmas palavras quando lidas em épocas diferentes. Creio que a minha interpretação de Descartes é muito pior do que a interpretação que Menard fez da obra de Cervantes, a ponto de eu transformar o cartesianismo em apenas uma desculpa para expressar as minhas próprias opiniões filosóficas.

Será que em algum momento tivemos acesso ao pensamento de Descartes sem ser por meio de algum tipo de interpretação dos seus escritos? Será que também na história da filosofia podemos afirmar que não há fatos, mas apenas interpretações? Uma filosofia determina uma perspectiva, assim como alguns pontos cegos. O mesmo vale para a história da filosofia. Porém, para aqueles que gostam de encontrar nomes específicos para as variedades do pensamento filosófico, sugiro que a perspectiva desenvolvida neste livro seja batizada de *neo-cartesianismo*. Talvez essa denominação console aqueles que buscam mais um comentário de um filósofo clássico, e que, indignados, proclamem que o que escrevi apresenta um Descartes irreconhecível.

Para concluir, meus leitores sabem que evito ao máximo as citações. Acredito que uma obra filosófica tem que ser elegante. Não deve ser cansativa. Mas nem por isso abandono o rigor que sempre me guiou na reflexão filosófica. Além do rigor, é preciso sempre renovar o compromisso com a clareza na exposição – o que o filósofo Ortega y Gasset chamou de "cortesia do filósofo".

Capítulo I
De quem falamos?

O cartesianismo é uma narrativa sobre o nosso lugar no Universo, nossa relação com o mundo físico, os animais, as plantas e as máquinas.

O legado filosófico e científico de Descartes é extenso. Ele escreveu vários livros e manteve uma intensa correspondência com filósofos e cientistas de sua época. Algo impressionante se considerarmos, entre outras coisas, que Descartes levou uma vida praticamente nômade, mudando de casa várias vezes, estabelecendo-se em países diferentes. Nascido em 1596, em La Haye, na França, Descartes vagou por diversos países da Europa durante os 54 anos de sua existência, até falecer em Estocolmo, na Suécia, em 1650.

Um de seus destinos favoritos era a Holanda, um país com clima de liberdade acadêmica e receptivo a novas ideias. Mas alguns historiadores, como Frédéric Pagès, chegaram à conclusão de que Descartes frequentava Amsterdã para fumar maconha, pois as drogas não eram proibidas na Holanda, o que faz dele um dos primeiros narcoturistas da história.

Descartes promoveu uma revolução na filosofia. Ele mudou os temas com os quais se ocupava a reflexão filosófica que, até então, estava voltada para a teologia, ou seja, para a discussão e comentário dos textos sagrados da doutrina cristã. Nesse contexto, consultar a natureza e não as escrituras sagradas era uma atividade revolucionária. Direcionar o olhar para a natureza a fim de tentar compreender o seu funcionamento é algo que parece óbvio hoje em dia. Mas, na época, era uma mudança radical de paradigma, uma novidade que se tornou um dos princípios fundamentais do método científico.

Descartes agregou à filosofia questões novas, como a natureza do conhecimento, da mente, da subjetividade e da consciência. Essas questões passaram a ser centrais na filosofia moderna e perduraram por séculos, sendo só recentemente que a filosofia pós-moderna, no século XX, tentou substituir essa agenda por outra.

Como cientista, Descartes inventou a geometria analítica e descobriu o comportamento reflexo. Ele também descobriu que o pensamento ocorre predominantemente no cérebro e não no coração, como ainda se supunha em sua época.

A geometria analítica foi a maior invenção de Descartes. Ela é um gráfico com uma linha reta e outra perpendicular que nos permite descrever numericamente a posição de um ponto no espaço. Com isso, tornou-se possível demonstrar que as formas geométricas podem ser descritas por equações. Quando escrevemos $x^2 + y^2 = 1$, descrevemos um círculo perfeito. A geometria analítica unificou a álgebra e a geometria, o que permitiu, séculos depois, o desenvolvimento de várias tecnologias contemporâneas.

Todas as tecnologias que envolvem telas, como a televisão, o radar, o computador, o celular e muitas outras, são baseadas em coordenadas cartesianas. Os *pixels* nas telas são determinados por um par de números, as suas coordenadas vertical e horizontal. O GPS é baseado no sistema de coordenadas cartesianas. Ele determina um ponto em termos de duas coordenadas, a latitude e a longitude, que podem ser traduzidas na localização em um mapa. A fotografia digital, os voos espaciais e as imagens e documentos que circulam pela internet também se baseiam no sistema de coordenadas cartesianas. Dessa forma, o mundo físico pode ser sistematicamente representado por meio da matemática.

Como médico, Descartes descobriu o comportamento reflexo, que se tornou, séculos mais tarde, uma ideia central para a psicologia experimental. Em uma carta de 1630, ele sugeriu que se chicoteássemos um cão algumas vezes ao som de um violino, o cão começaria a uivar sempre que ouvisse novamente a música. Esse tipo de associação foi retomada séculos mais tarde pelo fisiólogo russo Ivan Pavlov (1849-1936), que a chamou de "reflexo condicionado".

Pavlov abriu caminho para os estudos sobre comportamento animal e humano no século XX. A ideia de reflexo condicionado foi a base da psicologia *behaviorista*, fundada pelo psicólogo estadunidense J. B. Watson (1878-1958) nas primeiras décadas do século passado. Posteriormente, essas ideias foram aperfeiçoadas por B. F. Skinner (1904-1990), que criou a "análise do comportamento", uma disciplina que fundamenta as terapias cognitivo-comportamentais contemporâneas.

Descartes foi um dos avôs da robótica e um dos primeiros filósofos da tecnologia nos tempos modernos. No imaginário medieval, havia representações de vários tipos de autômatos, mas se acreditava que eles eram seres animados por forças divinas. A novidade proposta por Descartes foi explicar o movimento dessas criaturas por meio da mecânica, sem precisar recorrer a espíritos ou à vontade divina.

Descartes foi um dos grandes defensores do mecanicismo. O princípio fundamental do mundo mecânico é a causalidade na transmissão de forças ou impulsos através do contato físico, por engrenagens, polias, correntes ou roldanas. Essa visão mecanicista da natureza estava relacionada a um rigoroso determinismo. A gigante máquina cósmica era vista como inteiramente determinada. O determinismo se baseava na aceitação do princípio de causalidade. Ou seja, tudo o que acontece tem uma causa que pode ser identificada e produz um efeito definido. O futuro de um sistema mecânico pode ser previsto com absoluta certeza se o seu estado inicial for conhecido detalhadamente.

A robótica era uma preocupação metafísica para Descartes. Uma preocupação perfeitamente justificada: a exiguidade de recursos tecnológicos na sua época não implicava, necessariamente, que o projeto de replicar mecanicamente um ser humano seria inexequível. E se isso acontecesse um dia, mesmo que num futuro remoto, significaria então que seres humanos seriam pouco mais do que sofisticados dispositivos de relojoaria. Significaria que não precisariam ter uma alma.

Em 1560, o relojoeiro ítalo-espanhol Gianello Torriano criou um pequeno monge mecânico que tinha poderes impressionantes. Ele atravessava a mesa, era capaz de erguer um crucifixo ou um rosário e movia os lábios como se estivesse rezando. O monge mecânico de Torriano deixava as pessoas perplexas.

O primeiro ensaio contendo reflexões sobre a natureza e as potencialidades dos autômatos foi publicado em 1589, por Bernardino Baldi, abade de Guastalla. Nesse ano, já havia alguns autômatos, todos eles bonecos de corda que imitavam, de uma maneira ou de outra, alguma atividade humana. Mas a construção de autômatos só floresceu mesmo no século XVIII. Nessa época, eles eram construídos por relojoeiros que fabricavam artesanalmente todas as suas peças. Alguns desses robôs se tornaram célebres, como o pato que digeria comida, de Jacques de Vaucanson, supostamente construído por volta de 1739.

Vaucanson sustentava que o seu pato era um autômato capaz de reproduzir a atividade biológica de um animal. O pato seria capaz de esticar o pescoço, bicar um grão, engoli-lo, digeri-lo e expeli-lo. Ele imitava o processo de digestão dos alimentos.

Outros autômatos famosos de que se tem notícia são os três bonecos construídos pelos irmãos Droz na Suíça, entre 1768 e 1774. Esses bonecos representam um escrivão, um desenhista e uma musicista. O escrivão era capaz de escrever frases sobre uma folha de papel. O desenhista era capaz de fazer pelo menos cinco tipos de desenhos. E a musicista era capaz de executar cinco melodias diferentes. Além disso, eles conseguiam mover os cílios, os braços e inclinar o peito para frente. Há registros também de uma máquina capaz de jogar xadrez, construída pelo barão von Kempelen no final do século XVIII, e que muitos anos depois virou tema de um ensaio de Edgar Allan Poe.

Uma máquina pensante era inconcebível para Descartes. Para ele, o pensamento era uma exclusividade da espécie humana. Seres humanos são dotados de uma alma, o que não ocorre nem com animais nem com máquinas. Descartes supunha que a alma era o mesmo que a mente e, por isso, traduziu a palavra latina *anima* ("alma") como *mens* ("mente"). As palavras "mente" e "consciência" eram, para Descartes, equivalentes.

A consciência era uma exceção crucial em um universo mecânico no qual a matéria é inteiramente regida por leis físicas. Por isso, o pensamento, ou a consciência, nunca poderia ser replicado em dispositivos físicos. Descartes foi profético. Até hoje, a consciência continua a ser um problema intratável tanto para a ciência quanto para a filosofia.

A ciência nunca desistiu de buscar uma explicação fisiológica ou neurocientífica para a consciência. O problema mente-corpo ficou sem solução, pois não havia como encaixar as noções de mente e de consciência numa visão de mundo em que predominava a física. Até hoje presenciamos um debate entre cientistas e filósofos que nunca chega a uma conclusão. Um dos episódios marcantes desse debate ocorreu no final do século XIX. No seu *Projeto para uma psicologia científica* (1895), obra publicada postumamente, Freud (o médico e neurocientista que inventou a psicanálise) reconhece que os "neurônios ômega", que produziam a consciência, tinham uma natureza misteriosa que escapava do alcance da ciência.

Em outro episódio marcante, após décadas de debates sobre a filosofia da mente, o filósofo australiano David Chalmers formulou um desafio parecido com o de Freud. No seu livro mais conhecido, *The Conscious Mind* (1996), Chalmers adverte que o problema da consciência permanecerá inexpugnável por muitas décadas. Ele argumenta que essa questão da experiência consciente requer algo a mais do que explicar como o cérebro funciona, isto é, do que descobrir os mecanismos que tornam possíveis funções cognitivas como a percepção, o raciocínio e a memória. Mas isso, previne Chalmers, não significa explicar a consciência. O *hard problem,* ou "problema difícil", da consciência persiste mesmo quando o desempenho de todas as funções relevantes da mente (ou do cérebro) é explicado pela neurociência.

O desafio que Chalmers formula, o "problema difícil", é: *Por que o desempenho dessas funções é acompanhado por experiências?* Ou seja, pode-se explicar como a informação é processada pela mente, mas não como ela é *experienciada*. Essa é a questão-chave do problema da consciência: saber como e por que surge a experiência no decorrer do processamento de informações. Não existe nenhuma função cognitiva que leve automaticamente a uma explicação da experiência consciente.

Chalmers faz uma distinção entre mente e consciência. Simular a mente não é o mesmo que simular a consciência. Dispositivos artificiais, por mais aperfeiçoados que sejam, nunca passarão de seres sem consciência – ou seja, zumbis. Chalmers chamou de "zumbis" máquinas como os robôs, que têm uma mente funcional, mas não têm experiências conscientes, isto é, não são capazes de se sentirem mal, de sentir uma queimadura ou perceber a cor azul, por exemplo.

Mas o que é a mente? O que é o pensamento? Como Descartes os define? Nos *Princípios da filosofia*, ele afirma que o pensamento é "aquilo que ocorre em nós e do qual imediatamente temos consciência".[1] Descartes não enunciou o "problema difícil" de Chalmers, mas certamente concordaria com os seus principais pontos de vista – isto é, os de que robôs são zumbis e a ciência não pode explicar a nossa vida mental consciente. No entanto, para Descartes, o pensamento é sempre consciente e, por isso, é descartada a possibilidade de se

1 Ver DESCARTES, R; ALQUIÉ, F. (ed.). *Oeuvres Philosophiques de Descartes*. Paris: Garnier Frères, tomo III, parte I, parágrafo IX, 1963, p. 95.

construir uma mente funcional, assim como é descartada a distinção sutil entre mente e consciência, proposta por Chalmers. Mente e consciência são indissociáveis para Descartes, usadas como sinônimos.

Descartes expressava forte incômodo em relação à possibilidade de construir máquinas pensantes. Esse desconforto aparece sobretudo em algumas passagens da sua obra *Discurso do Método* (1637), e em uma carta ao marquês de Newcastle, de 23 de novembro de 1646. Ao perceber a relevância filosófica e teológica desse problema, ele sustentou que duplicar um ser humano poderia ser condição necessária, mas não suficiente, para se replicar inteiramente a nossa vida mental. Curiosamente, no entanto, o próprio Descartes construiu um autômato com forma humana, que ele chamava de "minha filha Francine". O capitão de um navio no qual Descartes viajou destruiu esse autômato, por considerá-lo obra do demônio.

Apesar desse dado biográfico estranho, Descartes sustentou que o ser humano nunca poderia ser inteiramente substituído por uma máquina, pois a consciência não pode ser mecanizada. Um robô pode executar todas as operações mentais realizadas por um ser humano, mas ele sempre será apenas um zumbi. No século XVII, Descartes já punha em dúvida o sonho dos pesquisadores da inteligência artificial – sonhos que são das últimas décadas do século XX; sonhos que, na virada para o século XXI, acabaram se mostrando filosoficamente ingênuos. Como replicar a consciência se até agora não conseguimos defini-la?

As máquinas pensantes são até hoje projetadas para tarefas específicas, nas quais podem se sair inclusive melhor do que os seres humanos. Mas elas não possuem a capacidade de ter todas as rotinas possíveis e, ao mesmo tempo, nenhuma específica. Falta-lhes uma racionalidade geral e inventiva que caracteriza a ação humana e que faz com que consideremos o comportamento das máquinas inflexível. Em outras palavras, as máquinas não têm uma inteligência multitarefa como os seres humanos. O pensamento, afirma Descartes no seu *Discurso do método* (1637), "é um instrumento universal que pode ser usado em todos os tipos de situações".[2]

2 Ver DESCARTES, R; ALQUIÉ, F. (ed.). *Oeuvres Philosophiques de Descartes*. Paris: Garnier Frères, tomo I, parte V, 1963, p. 629.

Em um curioso experimento mental, Nick Bostrom afirma que um robô programado para fabricar clipes de papel continuará executando essa tarefa indefinidamente até que todos os recursos naturais se esgotem. Da mesma forma, na ficção científica *Carbono alterado*, o autor Richard Morgan descreve um hotel totalmente automatizado com um algoritmo destinado a produzir lucro. Os donos do hotel morrem, mas o algoritmo continua funcionando. Ele prossegue recebendo hóspedes, contabilizando ganhos e perdas, e gerando lucros que são aplicados no mercado financeiro para, em seguida, serem reaplicados no funcionamento do hotel. Será esta uma situação muito distante da nossa atual, na qual algoritmos geram lucros automaticamente, passando a ser investidos e reinvestidos no mercado financeiro, formando uma bola de neve que nunca mais para? Talvez não estejamos muito distantes dessas máquinas psicóticas.

Uma máquina pensante, ou um robô físico idêntico a um ser humano, não tem sequer os indícios sutis da existência de uma consciência – como devaneios e queixas sobre experiências subjetivas desagradáveis. Reclamar do mundo ainda é uma prerrogativa dos seres humanos.

Séculos depois de Descartes, o matemático Alan Turing lançou as bases teóricas para a ciência da computação. Ele propôs uma nova concepção de mecanicismo, muito diferente da que era defendida por Descartes. No cartesianismo, os dispositivos mecânicos baseavam-se no contato entre as partes por meio de rodas, polias e engrenagens. O relógio era o dispositivo mecânico ideal. Já no século XX, o mecanicismo foi definido pela noção de algoritmo, uma palavra muito popular hoje em dia.

Um algoritmo é um procedimento que especifica um conjunto finito de etapas para que uma determinada tarefa possa ser realizada. Todas as etapas precisam ser claras e explícitas, ou seja, devem conter uma especificação detalhada do que deve ser feito para que uma tarefa seja iniciada e completada. Um algoritmo não deve pressupor nada e deve ser um procedimento sem nenhuma fagulha de intuição. Um exemplo de algoritmo é o procedimento inventado pelo matemático grego Euclides, considerado o pai da geometria, para encontrar o máximo divisor comum de dois números.

Turing conseguiu representar matematicamente a noção de algoritmo, ou seja, a noção de um procedimento mecânico que contém todos esses requisitos.

O algoritmo funciona como um programa, um conjunto de instruções passo a passo que deve ser seguido por uma máquina para que ela realize determinada tarefa. Essa máquina pode ser um computador e, nesse caso, o algoritmo é o seu programa ou *software*.

Um computador é uma máquina que se baseia na ideia de que determinados sistemas físicos podem funcionar como um conjunto de regras lógicas, e de que o pensamento pode ser concebido como um sistema simbólico. A ideia de um computador digital, ou seja, de uma máquina que pode realizar operações matemáticas usando uma linguagem binária – uma máquina que funciona com apenas duas posições possíveis ("0" e "1") –, foi concebida pelo filósofo e matemático alemão G. W. Leibniz (1646-1716).

Em um texto recuperado recentemente, o *De Progressione Dyadica*, escrito em 1679, Leibniz se refere a "um cálculo binário, que pode ser implementado em uma máquina composta de orifícios que possam abrir e fechar. Eles devem ser abertos nos locais que correspondem a 1 e permanecer fechados nos locais que correspondem a 0. Através das portas abertas, pequenos cubos ou bolinhas de vidro devem cair nos trilhos por meio de outros zeros. O conjunto das portas deve ser deslocado de coluna para coluna, conforme o necessário".[3] No começo do século XVIII, Leibniz também formulou uma matemática binária que, por usar apenas "0" e "1", permitia que a sua máquina realizasse operações aritméticas.

Na década de 1930, Turing inventou o computador digital, uma máquina que, usando linguagem binária, podia executar algoritmos – ou seja, uma máquina programável. Mas havia ainda um terceiro elemento, ausente na época em que Descartes e Leibniz escreveram sobre mecanicismo. Esse elemento é a eletricidade, que permite que as posições "0" e "1" sejam representadas eletricamente – por exemplo, "1" podia significar a passagem de corrente, e "0", a sua ausência. Na época de Turing, os computadores digitais funcionavam com válvulas. Atualmente, funcionam com *chips* e, por isso, podem ser cada vez mais potentes e mais miniaturizados.

---

3 Ver LEIBNIZ, G. W. "De Progressione Dyadica" (1679). *In*: Erich HOCHSTETTER, E.; GREVE, H-J. (eds.). *Herrn von Leibniz' Rechnung mit Null und Einz*. Berlim: Siemens Aktiengesellschaft, 1966.

Turing também foi o pioneiro da inteligência artificial. No artigo clássico de 1950, "Computação e inteligência", ele apontou e discutiu possíveis assimetrias entre humanos e máquinas, descrevendo um teste que permite detectar se um dispositivo é dotado de uma mente. O teste é concebido de forma extremamente pragmática. Para Turing, a mente se manifesta por meio da inteligência. Por isso, se uma máquina imitar o comportamento inteligente de um ser humano, podemos considerá-la como dotada de uma mente. O comportamento distintivo dos seres humanos, que deveria ser imitado por uma máquina para podermos considerá-la pensante, é a linguagem. Então, se uma máquina puder conversar e se fazer passar por um ser humano, não há como negar que ela possui uma mente.

Contudo, não existe nenhuma referência à consciência no teste imaginado por Turing. Em seu artigo de 1950, não há alusão a nada parecido com o "problema difícil" (*hard problem*) proposto por David Chalmers, o que nos leva a supor que, para Turing, bem como para Descartes, mente e consciência são a mesma coisa.

Evitar a ideia de consciência significa esquivar-se do paradoxo de que, para replicá-la, seria preciso localizar o seu mecanismo em alguma parte do cérebro. Mas, se a consciência estiver em algum lugar do cérebro, como faremos para encontrá-la? Como algo pode encontrar a si mesmo?

***

Além das questões sobre máquinas pensantes e robôs, havia outras polêmicas filosóficas na época em que Descartes viveu. Essa época foi particularmente turbulenta, muito parecida com a nossa atual. Havia muitos boatos, falsos oráculos, falsos profetas, fanáticos religiosos, céticos, ateus e fofocas que instigavam uma guerra de todos contra todos. Novas ciências e novas tecnologias, com a promessa de um mundo novo, estavam despontando. Mas tinha também muita incerteza e desesperança, permeadas por batalhas, revoluções e instabilidade política.

Na primeira metade do século XVII ocorreu a Guerra dos Trinta Anos, que durou de 1618 a 1648. Entre 1618 e 1688 houve guerras na Espanha, França, Suécia, Polônia, Holanda e Inglaterra. Milhões de pessoas foram mortas. Mais de 120 mil povoados na Europa foram saqueados e destruídos. Bandos armados se aproveitavam da situação e assaltavam castelos e viajantes.

No entanto, um grande reflorescimento intelectual se iniciava também. A Idade Média foi uma longa recessão econômica que deixou a Europa, por séculos, muito empobrecida. Mas no fim do mundo medieval, a ciência e uma nova filosofia já estavam se desenvolvendo. A revolução científica já tinha começado e, com ela, a imagem do Universo estava mudando radicalmente. No início do século XVI, o astrônomo polonês Nicolau Copérnico (1473-1543) contestou a crença de que a Terra se encontrava fixa no Universo e defendeu a tese de que o Sol se mantinha imóvel no centro do sistema solar.

Antes da invenção do telescópio, a astronomia era baseada na observação a olho nu. Acreditava-se que as leis que regiam o movimento dos astros não eram as mesmas que governavam os objetos na superfície da Terra. A física era especulativa e se baseava em observações feitas a partir do senso comum. Como ainda não existia o cronômetro, era impossível medir com precisão o tempo que um objeto levava para se deslocar de um lugar para o outro. E sem essa medida não era possível descrever o movimento em termos de uma equação que relacionasse espaço, tempo e velocidade. Ou seja, era impossível descobrir as leis matemáticas que governam o movimento dos corpos na superfície da Terra.

A grande novidade da ciência moderna foi a utilização da matemática como linguagem universal para descrever, calcular e prever o movimento dos corpos. A física moderna é cálculo matemático. Ela é uma ruptura definitiva com o antigo método aristotélico de investigação lógico-verbal do mundo físico. Ao mesmo tempo, ela é a aceitação definitiva de uma linguagem para descrever esse mundo, uma linguagem universal geométrico-matemática.

De acordo com o método aristotélico, o movimento dos corpos pode ser explicado por suas propriedades intrínsecas. Os corpos leves sobem, os corpos pesados caem. Na época de Aristóteles, e durante toda a Idade Média, não se pensava em aplicar a matemática para descrever como os corpos se comportam na superfície da Terra. A matemática só podia descrever o movimento dos corpos celestes. Os corpos na superfície da Terra eram imperfeitos e, por isso, os seus movimentos não deveriam ser regulares. Assim, os gregos antigos e, posteriormente, os pesquisadores medievais supunham que as leis matemáticas só eram aplicáveis ao mundo celeste.

O projeto de aplicar a matemática para descrever a natureza baseava-se em uma premissa fundamental: os corpos físicos são inertes e a explicação de seu movimento não deve ser buscada em suas propriedades intrínsecas ou por algum espírito que modificasse a sua trajetória. Essa premissa marca uma cisão com a física aristotélica, que prevaleceu até o século XVII. É uma mudança de paradigma.

A aplicação da matemática para descrever a natureza é uma das descobertas mais importantes de Descartes. Sua importância se tornou um pressuposto tão habitual que, atualmente, uma física sem matemática é inimaginável. A noção de "ciência exata", termo que usamos até hoje para nos referirmos à física, surgiu da aplicação da matemática para descrever a natureza. A ideia de "precisão" não era uma meta da física aristotélica, na qual não se media o espaço, nem se cronometrava o tempo. Os gregos antigos eram excelentes matemáticos, mas não estava nas suas metas empregar o cálculo para descrever a natureza.

O aspecto mais curioso da aplicação da matemática ao mundo físico é que, contrariando a historiografia tradicional, pensa-se que a ciência moderna surgiu quando o olhar dos pesquisadores se desviou dos textos sagrados e se voltou para a observação. Isso é em parte correto. Mas a física aristotélica também é baseada na observação, é compatível com ela: os corpos pesados caem, os corpos leves sobem. O que mudou, então?

A diferença era quanto à aplicação do cálculo matemático, que permitia fazer previsões. A experiência era a confirmação final do cálculo. Experienciar não significava apenas observar, mas também criar artifícios para interrogar a natureza. Os experimentos são sempre consultas à natureza em busca da confirmação de alguma hipótese, o que é muito diferente de apenas colecionar observações. A necessidade de confirmação empírica é um legado permanente da ciência, algo que poderia ser feito por meio de um único experimento, desde que ele fosse replicável. Bastou um único experimento de Galileu, por exemplo, para refutar a ciência aristotélica: do alto da torre de Pisa, ele deixou cair várias esferas de massas diferentes e constatou que elas atingiram o solo no mesmo instante.

O cálculo desvelava a natureza como coerente com a matemática. Por isso, a ciência moderna possibilitou generalizações sobre seus fenômenos e, com essas generalizações, a formulação de leis universais. Essa era uma revolução profunda no conhecimento. O cálculo matemático e a experiência solapavam o conhecimento, que até então se baseava na autoridade dos intérpretes das escrituras sagradas. A descrição matemática da natureza, aliada à confirmação experimental, era inquestionável e, por isso, ambas se tornaram um traço irreversível da ciência.

Além de promover a revolução científica, Descartes acreditava ter demonstrado a existência da mente, indicando que ela é separada do corpo e que as suas características são incompatíveis com as da matéria. "Mente" (a *res cogitans*) e "matéria" (a *res extensa*) são substâncias diferentes. Essa posição é chamada, na filosofia da mente contemporânea, de dualismo de substâncias.

A existência da mente e a defesa da imortalidade da alma são os dois grandes temas de uma das obras mais importantes de Descartes, *Meditações sobre a Filosofia Primeira* (1641), na qual ele narra em primeira pessoa a sua aventura mental. Certamente, defender a imortalidade da alma seria algo bizarro hoje em dia. Em quais condições sobreviveria, após a morte, a alma de uma pessoa que tivesse tido amnésia nos seus últimos anos de vida? Ou uma pessoa que, tendo sofrido de Alzheimer, tivesse perdido completamente a sua identidade pessoal antes de falecer?

***

Descartes formulou o problema mente-corpo, que séculos mais tarde, na filosofia da mente, foi chamado de problema mente-cérebro. Esse problema desafia a ciência moderna desde o seu aparecimento no século XVII, pois, na imagem científica do mundo, não há como acomodar algo com as propriedades da mente ou da consciência. Na filosofia da mente, o desafio é saber como o cérebro, órgão que abriga a nossa atividade mental, pode gerar as ideias – aquilo de que os nossos pensamentos são feitos.

Com a descoberta do mental, deu-se a cisão entre dois mundos, que nunca mais puderam ser reunificados. De um lado, a delicada subjetividade, que se expressará no mundo das letras e das artes. Do outro, a crua objetividade, o mundo opaco da matéria e da física, um domínio governado por leis próprias. Em outras palavras: de um lado, a mente indivisível; do outro, a matéria, sempre extensa e divisível. A mente é o fiapo invisível que só captamos pela reflexão; a matéria, aquilo que está diante de nós e que podemos chutar. Mas, como esses dois mundos, com propriedades tão assimétricas, poderiam interagir entre si?

A separação entre matéria e pensamento se tornou particularmente *problemática* a partir da obra de Descartes, na medida em que ela procurou saber como seria possível a relação entre uma alma imaterial e um corpo físico. Se mentes não têm nenhuma propriedade material, ou seja, não têm peso, massa nem localização espacial, então como poderíamos supor que os nossos pensamentos influenciam as nossas ações?

É extremamente contraintuitivo negar que mente e corpo interagem constantemente. Como a minha intenção de abrir a porta me faz levantar, caminhar em direção a ela e abri-la? A interação de algo imaterial com o mundo físico era o nó górdio do cartesianismo. O dualismo de substâncias se desdobra, inevitavelmente, no problema da interação entre mente e corpo. Como o pensamento pode agir sobre a matéria? Como a matéria pode agir sobre o pensamento? E como uma mente imaterial pode obter dados sobre o mundo físico à sua volta se está separada dele?

A solução proposta por Descartes para resolver o problema mente-corpo foi inspirada pela fisiologia. Ele atribuiu à glândula pineal, um órgão abrigado sob as duas metades do cérebro, propriedades mágicas que permitem a ela se tornar uma interface entre o mental e o físico. Essa hipótese aparece em uma obra tardia de Descartes, *As paixões da alma*, publicada em 1649.

No século XVII, pouco se sabia sobre a glândula pineal, e a investigação de suas propriedades era um tema importante para a vanguarda científica da época. Afirmar que a ligação entre a mente e o corpo era mediada pela glândula pineal consistia em uma hipótese ousada, e, por isso, essa solução foi recebida com muita relutância. A glândula pineal seria semelhante à terceira margem de um rio. Como imaginá-la? Não temos como imaginar de que maneira algo físico poderia intermediar a passagem entre mente e corpo, entre imaterial e material. Será que esse órgão teria propriedades mágicas desconhecidas que permitiriam realizar essa ponte?

Há um outro problema no cartesianismo que transborda para a filosofia da mente contemporânea: a questão da causação mental. Ela é uma reedição no século XX do problema mente-corpo. Para os filósofos que negam a dualidade mente-cérebro, o problema se torna trivial, pois o que está em jogo é saber como um estado cerebral pode intervir no mundo físico. Mas há algo mais sutil envolvido no problema da causação mental.

A causação mental era o quadro típico das histéricas de Freud. Elas apresentavam uma série de sintomas em seus corpos, mas sem nenhuma lesão física que pudesse tê-los ocasionado. Freud chamou esses casos de "histeria de conversão". Ele tratava as histéricas ajudando-as a se lembrar de algum evento traumático em suas vidas – um evento inconsciente ou subconsciente que, quando lembrado, fazia o sintoma desaparecer. Era a ablação da histeria.

A ablação da histeria significava a confirmação de que o mental tinha influência causal sobre o físico, ou seja, influência no corpo. Essa hipótese é aceita na medicina quando não se é possível rastrear a causa de algum tipo de sintoma ou patologia. Quando se esgotam todas as possibilidades oferecidas por exames clínicos, sem conseguir descobrir a causa de uma patologia, o caso clínico é rotulado como um "problema emocional", e o paciente é encaminhado para um psicoterapeuta.

A causação mental se manifesta também em muitos casos de depressão, quando ocorre uma queda nos níveis de neurotransmissores no cérebro. Essa alteração é frequentemente desencadeada por algum evento traumático na vida da pessoa. Um divórcio e a perda de um ente querido ou do emprego são os mais comuns. Mas um evento pode ser traumático para alguns e não para outros. Tudo dependerá do *significado* que esse evento tiver na história de vida de uma pessoa. Como pode algo tão intangível como o significado de um evento ou de algumas palavras ter efeito causal no cérebro a ponto de modificá-lo? Como afirmou o neurobiólogo António Damásio na obra *O erro de Descartes* (1994), "pode-se morrer de desgosto, na realidade, tal como na poesia".[4] O que para algumas pessoas pode ser uma tristeza banal, para outras pode desencadear sérios transtornos mentais. É nessa diferença, às vezes inexplicável, que se manifesta a subjetividade, que assume a forma de uma diferença insondável.

A causação mental nos confronta com o problema metafísico herdado de Descartes: como algo imaterial pode agir sobre algo físico? Muitos filósofos da mente contemporâneos criticaram vigorosamente a obra de Descartes,

4 Ver DAMÁSIO, António. *O erro de Descartes: emoção, razão e cérebro humano*. 2 ed. São Paulo: Companhia das Letras, 2006, p. 148-149.

afirmando que o seu dualismo é insustentável. Nas últimas décadas, navegando na direção inversa a do dualismo, a filosofia da mente passou a ser fortemente influenciada pela neurociência, na qual o paradigma dominante é a identidade entre mente e cérebro. Essa identidade é considerada um axioma fundamental na neurociência, embora nunca tenha sido provada. Adotar esse axioma é um caminho mais cômodo do que enfrentar dilemas filosóficos que podem não passar de pseudoproblemas.

Talvez Descartes tenha deixado questões filosóficas intratáveis como legado. Por outro lado, ele fez contribuições importantes para a história da filosofia. Foi dele que herdamos, por exemplo, a descoberta da subjetividade e da privacidade da consciência, passos decisivos e irreversíveis na história da filosofia moderna, e que se tornaram temas de quase toda metafísica nos séculos seguintes.

Descartes morreu em 1650. Durante toda a sua vida ele manteve o hábito de acordar ao meio-dia. Mas foi precisamente por ter que alterar esse hábito, quando foi para a Suécia, que ele faleceu. Descartes morreu por ter que se levantar cedo. Um dos caprichos da rainha da Suécia, que o tinha contratado para ensinar filosofia, era que as suas aulas fossem às cinco horas da manhã. Todas as madrugadas ele atravessava de trenó a gélida e escura Estocolmo para chegar ao palácio real. Em poucas semanas, Descartes adoeceu gravemente. Os seus pulmões não resistiram a tanto frio; veio a pneumonia, a febre alta e a morte.

No fim do século XVII, seu corpo foi trasladado para Paris e, durante a Revolução Francesa, foi exumado e colocado no Panteão. Atualmente ele está enterrado na igreja de Saint-Germain-des-Près, no Quartier Latin.

Capítulo II

Cogito, Deus e Dualismo

Descartes defendia a necessidade de um recomeço radical para a filosofia, livrando-se das tradições e das falsas crenças. Essa é a tarefa proposta na sua obra mais conhecida, *Meditações Metafísicas*, publicada em 1641.

A leitura das *Meditações* é uma tarefa árdua. Elas são uma caudalosa cadeia de argumentos, encadeados numa série magistral de deduções. É uma obra construída passo a passo, como uma longa demonstração que busca o seu fundamento em si mesma, em algo autoevidente.

As *Meditações* têm seis capítulos, escritos como um drama filosófico vivido em primeira pessoa. Os seus objetivos são enunciados no subtítulo da obra: "provar a existência de Deus e a distinção real entre a alma e o corpo". Do ponto de vista da filosofia da mente, os capítulos mais relevantes são os três primeiros e o último. Nos três primeiros, Descartes traça um caminho que vai do ceticismo sobre os sentidos à existência de Deus, passando pela distinção entre mente e corpo. O sexto e último expõe como, apesar de distintos, mente e corpo estão unidos e interagem entre si.

A primeira das meditações aborda a dúvida. É preciso duvidar de tudo e, com isso, desmontar todo o conhecimento aceito. Pode-se duvidar de tudo, a começar daquilo que nos é transmitido pelos sentidos (pela percepção), pois eles podem nos induzir ao erro. Talvez toda a minha experiência possa ser ilusória, um mero sonho. Posso estar vivendo trancado em algo parecido com o que ocorre em *Matrix*, uma série de filmes dirigidos por Lilly e Lana Wachowski, nos quais tudo que é vivenciado resulta de sinais que atingem os nervos sensoriais e ativam porções do cérebro, produzindo a ilusão de que estamos interagindo com objetos físicos reais.

Filmes como *Matrix* (1999) ou como *The Truman Show* (1998), dirigido por Peter Weir, mostram que a nossa percepção pode ser sistematicamente enganada de duas formas. Posso alucinar coisas que não existem, como é o caso em *The Truman Show*, ou posso perceber um mundo completamente diferente da realidade, como é o caso em *Matrix* – um sonho ou uma alucinação sistemática.

Pesquisas atuais na neurociência confirmam o que os diretores desses filmes supunham. Grande parte do mundo que percebemos é construído pelo nosso cérebro, que antecipa a nossa percepção. Ele é capaz de fazer com que grupos de neurônios que confirmam os dados dos sentidos sejam disparados antes mesmo de esses sentidos chegarem. Essa antecipação se baseia em registros de situações semelhantes ocorridas no passado e em inferências estatísticas. O que vemos, sentimos, ouvimos e cheiramos é, em sua maior parte, previamente construído pelo cérebro. Percebemos o que esperamos perceber. Descartes estava certo ao duvidar da realidade que nos chega pelos sentidos.

Na segunda meditação, a dúvida vai demolindo minhas certezas habituais. As sensações, quando estou acordado, são tão vívidas quanto quando estou sonhando. Como posso distinguir sonho e vigília então? Não há nenhuma marca que me permite saber se as impressões que tenho estão ocorrendo durante a minha vigília ou durante um sonho. Nada me garante que estou acordado quando realmente *penso* que estou acordado. Meu sonho poderia me convencer até mesmo de que estou desperto quando na verdade estou sonhando. Ou seja, eu poderia ter um sonho no qual tudo se passa como se eu estivesse acordado.

O passo seguinte é a dúvida hiperbólica: a dúvida extrema produzida por um gênio maligno que me levaria a questionar até mesmo a verdade de proposições matemáticas como 2 + 2 = 4. Isso não seria um exagero de Descartes? Penso que não. Recentemente, relendo alguns livros de filosofia da matemática, me deparei com o fato de que até as certezas aritméticas mais cotidianas podem ser problemáticas.

Um caso interessante é a definição de número natural, que parece ser intuitiva. A série dos números naturais é apresentada normalmente como "1, 2, 3...". Definir um número natural pode ser feito por meio de uma regra que determine o seu sucessor nessa série. O número natural seria o seguinte ao último que aparece nela – nesse caso, 4. Com isso, a regra mais intuitiva é acrescentar mais um número natural, ou seja, é a regra do (+1). Suponhamos, então, que temos as seguintes regras:

Regra 1: escreva o número 1.

Regra 2: dado o número 1, aplique a regra do (+1).

Regra 3: sobre o número obtido, aplique a "Regra 2" várias vezes seguidas.

Essas regras devem ser capazes de gerar a série dos números naturais e de, com isso, defini-los. Mais especificamente, elas *pressupõem* a definição de número natural – pois elas próprias já contêm a sequencialidade que define o número natural. A definição dele é construída sobre a Regra 2 – sobre a aplicação do (+1). Mas essa definição se torna redundante em relação a tal regra, que, se não for aplicada logo depois da Regra 1, não gera o número natural seguinte. Assim, a aplicação das regras 1 e 2 numa sequência já *pressupõe* a definição de número natural: quando as aplicamos, estamos implicitamente contando (+1) e gerando uma sequência igual à da série "1, 2, 3...". O que é um número natural, então? Será que uma regra pode se aplicar a si mesma? Ou não seria isso um paradoxo? Será que existem muitas séries possíveis de números naturais, ou apenas esta? Se essas dúvidas estiverem corretas, o gênio maligno estaria certo ao desafiar até as nossas certezas aritméticas elementares.

Há outras dúvidas inquietantes na matemática. A divisão por zero é inconcebível, pois, se ela existisse, a matemática implodiria. George Berkeley, filósofo do século XVII, apontava para inconsistências da matemática produzidas pela multiplicação e pela divisão por zero. Por exemplo, se 5 x 0 = 0, e se 7 x 0 = 0, então 5 x 0 = 7 x 0. Dividindo ambos os lados por 0, concluímos que 5 = 7. A única maneira de evitar esse tipo de contradição na matemática é proibir a divisão por 0.

Mas ainda há muito mais a ser demolido na trajetória cética de Descartes. Uma das versões filosóficas mais recentes do ceticismo cartesiano é a "hipótese da simulação", proposta pelo filósofo Nick Bostrom, já mencionado. Essa hipótese é um tema paranoico que aparece na filosofia clássica e que nos acompanha até os dias de hoje. Bostrom afirma que não podemos saber se estamos presos em uma simulação, e que tudo o que vemos pode resultar de nossa interação com uma fabulosa máquina que nos aprisiona.

O que enxergo com os meus olhos ou o que toco com os meus dedos seriam imagens ou símbolos correspondentes a *bits* e *pixels* que configuram a simulação. A questão é saber se essas figuras, resultantes da percepção de elementos que compõem a simulação, são algo real ou apenas alucinações. Interajo com algo, os *bits* e *pixels*, mas será que as figuras formadas pelo meu toque na simulação realmente existem, ou seja, remetem a algo fora dela? Em outras palavras, será que há algo além da minha percepção, algo que possa validá-la? Uma maneira simples, mas precisa, de imaginar essa situação é recorrermos ao filme *Matrix*.

Em *Matrix*, toda a nossa vida poderia estar sendo manipulada. Não temos como saber se estamos numa simulação, pois esse conhecimento não está disponível para quem está *dentro* dela. Para quem está dentro da simulação, tudo se passa como em um sonho, em cuja realidade acreditamos enquanto estamos sonhando.

A questão não é mais saber se estamos ou não vivendo em uma simulação. Estivemos e estamos nela desde sempre. Vivemos em um mundo construído pelas nossas sensações. É um mundo que muito pouco se assemelha à sua descrição científica, e que, por isso, tem até hoje uma convivência por vezes difícil com a ciência.

Mas, se vivêssemos num mundo no qual não acreditássemos no sucesso preditivo proporcionado pela matemática, não conseguiríamos sequer deixar de acreditar que a Terra é imóvel. Não acreditaríamos na teoria da relatividade ou na mecânica quântica, que, apesar de ser totalmente contraintuitiva, tem acertado em todas as suas previsões. Para podermos caminhar na rua, precisaríamos ser terraplanistas, mas quando fazemos ciência, temos que contrariar a fixidez da Terra que nos é transmitida pelos sentidos. Então, como podemos acreditar, simultaneamente, que a Terra é fixa e que ela também se move? Ou que o Sol dos geocentristas e o dos heliocentristas é o mesmo que nasce e que se põe todos os dias? O desafio é conciliar a ciência com o senso comum. Em qual versão do mundo devo acreditar? Descartes não formula explicitamente esse problema, mas este surge com a revolução científica, e continua sendo um desafio até os dias de hoje.

Uma metáfora biológica para esse cenário é a ideia de *Umwelt*, termo cunhado pelo biólogo Jakob von Uexküll (1864-1944). O *Umwelt* designa o mundo próprio de cada organismo, um microcosmo inseparável e insuperável que se estabelece na interface dos seres vivos com seu meio ambiente. O *Umwelt* funciona como uma espécie de senso comum típico de cada espécie. Algumas espécies podem ver radiação infravermelha ou ultravioleta, outras usam o olfato ou, como no caso dos morcegos, a ecolocalização para se orientar. Esse microcosmo determina o significado do que está no entorno do organismo e, com isso, também as suas prioridades biológicas. Nenhum organismo pode se desvincular de seu *Umwelt*, nem que seja só por alguns segundos. Para nós, que vivemos no *Umwelt* humano, tudo é necessariamente antropomórfico. Por isso, saber como é o mundo para além de nossas representações, para além do nosso *Umwelt*, torna-se uma questão filosoficamente indefinível.

Haveria um mundo "verdadeiro" encoberto pelo *Matrix*? Para mim, esse não é o problema mais difícil que temos de enfrentar. No *Matrix*, interagimos com alguma coisa, algo que poderia ser apenas *bits* e *pixels* de uma simulação. A questão é saber se a nossa representação do mundo é "correta" – se a realidade que surge com a percepção dos elementos que compõem a simulação é "correta". Se um dia descobrirmos que há objetos fora da simulação, isso não a tornaria necessariamente falsa, mas sim apenas incompleta. Ou, se esses objetos que se situam fora dela forem hipotéticos, isso somente evidenciaria que os nossos recursos cognitivos são limitados. É provável que muitas noções da física contemporânea não estejam representadas na simulação em que vivemos, talvez porque elas não fazem sentido para o senso comum, muito mais próximo da física de Newton do que da cosmologia do século XXI.

A ciência mostra que o mundo que está ao nosso redor, no qual vemos objetos coloridos e os sentimos com a ponta dos dedos, é uma falsa representação da realidade, pois ela não corresponde à noção científica da matéria que temos hoje em dia, baseada na teoria da relatividade e na mecânica quântica. Então, será que pela nossa perspectiva contemporânea da natureza da matéria o "argumento do sonho" é válido e o gênio maligno é insuperável? Como poderíamos ler Descartes no século XXI? Isto é, como poderíamos lê-lo após descobrirmos que o mundo físico que percebemos pode não passar de uma simulação coerente, suficientemente engenhosa para nos enganar? E como conciliar a metafísica cartesiana e sua teoria do conhecimento com as novas teorias físicas formuladas no século XXI (por exemplo, a da mecânica quântica)?

O problema da existência de um mundo *extramental* e da veracidade de sua representação, seja pelo senso comum, seja pela ciência, corta ortogonalmente todas as filosofias dos séculos XVII e XVIII, e se estende até os dias de hoje. Negar a existência do mundo exterior, independente da nossa percepção, ou seja, negar a existência de uma matéria inteiramente fora de nós, é algo contraintuitivo. No entanto, o caminho da física contemporânea nos inclinou nessa direção.

Por exemplo, a mecânica quântica, de acordo com algumas interpretações, nega a existência da matéria sem a participação da consciência. Por outro lado, negar a existência de algo fora de nós fica estranho quando olhamos por um binóculo e vemos as imagens de objetos distantes, que não estão no nosso entorno ou ao nosso alcance, e que, por isso, não podem estar estimulando os nossos órgãos de sentidos. Será que, nesse caso, não teríamos que reconhecer a existência desses objetos independentemente da percepção que temos deles – ou melhor, da *falta* de percepção que temos deles?

Como vimos, no século XXI o problema do mundo exterior foi reformulado como o "problema da simulação". A ideia é que sempre estivemos confinados em uma simulação produzida por nós mesmos, na qual até agora não foram detectados muitos defeitos. Será que há como ultrapassar essa falsa realidade, que o conhecimento científico considera ilusória? Como poderíamos viver fora do mundo que o senso comum representa?

A questão pode ser invertida. Por que a simulação, baseada no senso comum, prevalece na vida prática, apesar de a ciência desqualificá-la? Será que estamos profundamente enraizados nos nossos sentidos, na permanente "ilusão real" que os hindus chamam de *Maya* – o paradoxo de um "fantasma palpável" que existe fora de nós, e que não é apenas um habitante da nossa mente tentando nos ludibriar? Trata-se de uma "fantasia real", de uma "alucinação verídica" que preenche a nossa percepção?

Na prática, vivemos no mundo do senso comum e não podemos nos livrar dele. Por isso, a descrição científica do mundo se torna abstrata, imaginária. Essa inversão do real, operada pela simulação, ocorre pelo fato de que a descrição cotidiana do mundo físico é, para nós, inteligível. O mesmo não ocorre com a descrição científica do mundo material, principalmente após o desenvolvimento da mecânica quântica.

Será que, no século XXI, o gênio maligno estaria certo e encerraria o caminho da dúvida proposto nas *Meditações* de Descartes, ao mostrar que estamos confinados numa alucinação coerente que temos que acreditar ser verídica para assim podermos continuar sobrevivendo? Isto é, confinados numa alucinação que, por algum tipo de acaso inexplicável, coincide com algum Universo real, no qual existem objetos que enxergamos e nos quais tropeçamos? Ou será que o paradoxo dessa ilusão seria desmantelado assim que *percebêssemos* estar numa simulação? Uma percepção fugaz, porém suficiente para nos revelar que vivemos em um mundo ilusório? A consciência de que estamos aprisionados numa simulação não é suficiente para nos livrarmos dela.

Há outras formas de ilustrar a metáfora do "gênio maligno". Podemos imaginá-lo, por exemplo, como um neurocientista perverso que, a partir de um implante meticuloso de eletrodos no meu cérebro, produz em mim vários tipos de sensações e experiências visuais. Esse neurocientista atuaria como um verdadeiro gênio maligno se, por meio de tal implante, ele me fizesse perceber não apenas os objetos físicos, como também as relações causais que existem entre eles. Ele me faria reproduzir o modo como os objetos físicos estão encadeados numa sequência que imitasse perfeitamente uma percepção ordenada do mundo, incluindo as relações de causa e efeito. O gênio maligno produziria o filme perfeito do mundo na minha cabeça, tão perfeito que eu não seria capaz de perceber que se trata apenas de um filme...

Certamente, esse neurocientista teria que desenvolver uma técnica muito sofisticada para determinar com precisão o local e a sequência em que os eletrodos teriam que ser implantados no meu cérebro. E eu viveria numa alucinação, acreditando estar na realidade. Segundo a ciência, o senso comum é uma falsa representação do Universo. Mas, e se essa falsa representação *coincidisse* com a representação do universo que chamamos de "mundo real" (o "mundo do senso comum")? Ou seja, e se o senso comum *fosse* uma "alucinação verídica"?

Numa alucinação verídica, não há nenhum tipo de ligação entre o objeto e a sua percepção como experiência subjetiva. Uma alucinação verídica ocorre quando uma pessoa tem diante de si uma paisagem, e, simultaneamente, alucina essa paisagem em todos os seus detalhes. A cena real e a experiência visual (alucinatória) coincidem perfeitamente em termos de conteúdo imagético, embora essa pessoa possa até mesmo estar vendada, e as suas experiências visuais possam até mesmo ser produzidas por uma neurocirurgia – os eletrodos implantados.

Uma alucinação verídica ocorre quando, excepcionalmente, há essa coincidência entre percepção e objeto alucinado. Como o senso comum é uma alucinação verídica, ele é uma representação ao mesmo tempo falsa e verdadeira do mundo no nosso entorno. É uma representação falsa pois ele e o conhecimento científico se desencontram. E é uma representação verdadeira pois resulta dessa exceção, que faz com que percepção e objeto alucinado coincidam.

Deus é o principal baluarte da metafísica cartesiana e, de acordo com ela, Ele possibilita que o nosso senso comum seja uma alucinação verídica. Deus é o único que tem o poder para que essa coincidência ocorra. Ele pode transformar a alucinação produzida pela simulação em uma alucinação verídica, indistinguível do que o senso comum me apresenta como "real". Ou seja, Deus faria com que a simulação na qual somos prisioneiros coincidisse com o senso comum e o tornasse "verdadeiro". Ele é a garantia de que essa extraordinária coincidência seja não apenas possível, mas que também ela de fato aconteça.

O problema da correspondência dos objetos que compõem o meu senso comum com algum Universo estaria assim resolvido. Deus pode salvar um realismo às avessas, no qual o senso comum, apesar de falso, nunca é descartado, prevalecendo na vida prática sobre a descrição científica do mundo. Esse é o realismo que sobrou da visão cartesiana do mundo. Pois Descartes acreditava na realidade dos objetos físicos; acreditava que não poderíamos estar sistematicamente enganados, uma vez que, como vimos, chutamos e tropeçamos em objetos fornecidos pelo senso comum, e eles nos causam dores.

O mundo objetivo de Descartes é um mundo coerentemente alucinado. Deus pode garantir a existência da alucinação verídica, fazer com que ela persista, e fazer com que continuemos acreditando num mundo descortinado pela percepção, povoado de objetos físicos – embora essa descrição seja incompatível com o conhecimento científico da realidade que a ciência nos fornece hoje. Deus está fora da simulação e, por isso, Ele pode nos salvar dessa contradição. Isto é, Ele permite a nossa interação com uma simulação de modo a reconciliar o realismo cartesiano, quanto à existência dos corpos físicos, com as teorias da matéria formuladas pela física contemporânea (teorias que nos distanciam das representações do senso comum).

Portanto, Deus não é somente a garantia da realidade do senso comum, uma realidade na qualidade de alucinação verídica. Ele também é a garantia da realidade das proposições descobertas pela investigação científica. "Deus fora da simulação" e o *cogito* são as duas etapas propostas por Descartes para que acordemos do pesadelo cético. *Vejo* um mundo irreal, mas *acredito* que ele seja uma fantasia suficientemente real para que eu aja sobre ele. Posso acreditar que a cadeira que está na minha frente seja, ao mesmo tempo, composta por tábuas coloridas que posso ver *e* por átomos incolores e invisíveis que não posso ver. Seriam essas cadeiras diferentes, ou seriam *versões* diferentes de uma mesma cadeira? Descobrir isso é a tarefa do conhecimento, da investigação científica.

Há nuances que diferenciam o que é apenas alucinado, o erro perceptivo que deve ser descartado (como ocorre em *The Truman Show*), daquilo que é uma representação de algo no mundo, uma representação que não sabemos se está correta ou não. Este é, como vimos, o caso de *Matrix*. Descartes está mais próximo de *Matrix*. Ele não acreditava (como hoje se acredita) que a representação habitual do mundo pudesse diferir radicalmente da imagem de mundo fornecida pelo conhecimento científico. Ele acreditava que o mundo era composto por objetos físicos, sólidos, extensos e impenetráveis, embora compostos por átomos invisíveis e incolores. A diferença entre a percepção comum e a descrição do mundo pela ciência não era tão radical. Por isso, Descartes não precisava justificar como o mundo aparente que se apresenta a nós, apesar de incorreto, não é uma representação inteiramente falsa da realidade. Pois, apesar de incorreto, esse mundo é coerente, e é isso o que possibilita que, mesmo alucinatório, ele se mantenha real – ou seja, que o paradoxo da alucinação verídica seja um fato.

Deus e o *cogito* são os pilares da metafísica cartesiana. São os pilares que sustentam a ciência para Descartes. E o conhecimento, por meio da ciência, também pode nos ajudar a ultrapassar esse pesadelo cético. Descartes acreditava na existência de um mundo físico para além da percepção, um mundo no qual os objetos poderiam estar envoltos nas aparências. Caberia à ciência então desvendar esse mundo, e distinguir o falso do verdadeiro, o simulacro daquilo que realmente existe – pois nem sempre percepção e mundo coincidem, ou seja, nem todas as nossas percepções, fornecidas pelo senso comum, são genuinamente verídicas. A ciência nos faz perceber que estamos numa simulação, mas que o conhecimento pode nos mostrar que essa simulação é diferente de como os nossos sentidos a apresentam. Por isso, apesar de estarmos confinados em uma simulação, não estamos agrilhoados a ela, como se estivéssemos no fundo da caverna de Platão.

Mas para isso é necessário encontrar um ponto de partida, uma alavanca para o conhecimento, para a ciência. Esse caminho é o *cogito*. O *cogito* leva a Deus. Porém, chegar ao *cogito* vivendo numa simulação perfeita do mundo físico (como aquela que é gerada pelo senso comum) nunca seria possível. É preciso superar o senso comum. Para tanto, precisamos detectar rachaduras ou descontinuidades que comprometam a coerência da simulação, ou que sugiram que em algum momento poderíamos estar alucinando. É preciso procurar desajustes nessa simulação, como quem procura um *bug* num código computacional defeituoso. Não sairemos dela, mas pelo menos saberemos que estamos aprisionados, e que há uma possível saída se descobrirmos que não podemos ser sistemática e coerentemente enganados o tempo todo. Não temos uma solução, mas pelo menos detectamos que estamos em meio a um problema.

Contudo, além do gênio maligno, existe uma grande dificuldade a ser vencida: o argumento do sonho. Essa dificuldade aparenta não ter saída, pois tudo pode ser sonhado, inclusive a própria ciência. O argumento do sonho só perde um pouco da sua força quando Descartes faz algumas considerações sobre as cores. Não seria possível sonhar colorido sem antes, em algum momento, termos percebido uma cor. A identificação de uma cor diferente se baseia em um inevitável contato sensorial com algo que não tenha sido previamente filtrado pela simulação. Por exemplo, não há como descrever a cor "pêssego" para alguém que nunca a viu antes, pois trata-se de uma percepção sensorial que não pode ser transmitida pela linguagem. Não há como simular cores sem antes tê-las "experienciado". Para sabermos o que é o vermelho ou o verde, é preciso termos estado em contato com objetos vermelhos ou verdes previamente. Assim, se sonhamos colorido, esse sonho deve ser a reprodução de uma sensação originada por algo que não está apenas em nossas mentes. No entanto, isso ainda não é suficiente para afirmar a existência de alguma coisa para além dos limites da simulação, pois o mundo sensível sempre pode ser sutilmente enganador. Continuaríamos confinados na simulação então.

Descartes poderia ter saído dessa enrascada se ele tivesse considerado que não é possível sonhar com a dor. Sentimos vários tipos de emoções quando sonhamos – como medo, ansiedade ou constrangimento. E algumas dessas emoções são suficientes para nos fazer acordar. Mas não sentimos dor. Se sentíssemos dores durante os sonhos, teríamos medo de ir dormir. Por exemplo, num sonho o fogo nos queima, mas na realidade não sentimos a dor física causada por isso. O que pode ocorrer é acordarmos abruptamente quando, *fora* do sonho, começamos a sentir uma dor.

Mesmo assim, essas objeções não bastam para superar o argumento do sonho. Por isso, precisamos de argumentos mais robustos para sair do mergulho cético.

Como superar o beco sem saída do ceticismo? Este é o tema da segunda meditação. O grande *insight* de Descartes é que *não posso duvidar que duvido*. Disto ele infere a sua frase mais célebre, "Penso, logo existo" ou *cogito, ergo sum*, formulada de forma explícita no *Discurso do Método*, obra anterior às *Meditações*. Este é o grande *insight*, uma certeza que ninguém pode me arrancar. *Penso, logo existo*. Isso porque podemos duvidar de qualquer coisa, até mesmo de que o mundo existe ou de que 2 + 2 = 4. Mas não podemos *duvidar que estamos duvidando*. Ou seja, não podemos duvidar que *pensamos* ao formular as nossas próprias dúvidas, uma vez que elas são pensamentos. Assim sendo, é impossível *pensar que não pensamos*, pois nesse caso estaríamos incorrendo numa contradição. "Penso, logo existo" é uma proposição única e peculiar na medida em que não é possível negá-la sem, paradoxalmente, afirmá-la: ao negá-la, ela também se torna necessariamente verdadeira todas as vezes que a concebo em minha mente. O *cogito* é uma intersecção entre pensamento e mundo. Produzo o mundo, embora seja o mundo o que me produz. Penso no mundo, porque é o mundo que me permite pensá-lo. Assim, o *cogito* desvela a existência de um "eu", de uma substância pensante que não é alucinada.

O *cogito* é um resíduo de um processo de dúvida radical. É um resíduo impossível de se eliminar até mesmo se todos os nossos pensamentos forem falsos. Por isso, ele é uma certeza, uma verdade primeira da qual em princípio é possível deduzir todas as outras verdades. O *cogito* é a grande rachadura na simulação, a descontinuidade produzida pela súbita percepção de autorreferência, que produz algo que não pode ser acomodado na simulação: a consciência.

Esta é o momento no qual o "eu" que pensa coincide com o "eu" que existe; o momento especial no qual surge a certeza de que podemos deixar para trás o argumento do sonho e o gênio maligno.

Uma representação geométrica do *cogito* seria uma "dobra no espaço", uma fita de Möbius – ou seja, uma fita retorcida e colada em si mesma, representando o infinito. A simulação perfeita precisa conter em si mesma a proposição de que estamos vivendo nela. É nesse momento que uma rachadura se torna inevitável. E é isso que ocorre com o *cogito* no caminho das *Meditações*, ou quando tentamos pensar que somos um cérebro vivendo numa proveta. Como afirmou o filósofo estadunidense Hilary Putnam (1926-2016), se a proveta não existir fora da minha mente, a própria sentença "sou um cérebro na proveta" não fará sentido. Uma vez que a proveta não poderia existir na simulação (pois algo precisa produzir essa simulação), não podemos ser um cérebro numa proveta.

Sendo a grande epifania de Descartes, o *cogito* desvela a existência primordial de uma substância que pensa. A ciência que emana desse sujeito pensante, desse "eu" abstrato, deve ser dedutiva, e não indutiva (como tinha sido até então). A dedução matemática, *a priori*, é mais confiável do que a indução por observação. O fundamento do conhecimento é a razão e não a sensação. Em outras palavras, o conhecimento não deve começar pelo mundo sensível, mas sim pelo mundo inteligível. Caso contrário, permaneceríamos restritos a uma versão sensorial confusa da simulação com a qual interagimos. O poder da matemática está na possibilidade de derivar predições sobre o mundo físico, predições que a colocam num lugar especial que expande o conhecimento por meio da previsão e da exatidão.

Cores, cheiros, sons e sabores eram propriedades subjetivas que emanavam dos objetos, mas que não podiam ser descritas pela física, pois esta precisava tratar a matéria como algo homogêneo e mensurável. Se as qualidades subjetivas da matéria não fossem excluídas da descrição do mundo físico, não seria possível formular leis matemáticas gerais e universais que descrevessem o comportamento dos objetos físicos, em especial o movimento. Essa foi uma ruptura radical com a percepção que temos do mundo à nossa volta. Essa é a grande rachadura na simulação.

A fé na matemática deveria substituir as nossas crenças perceptuais cotidianas (como a de que a Terra é plana e a de que o Sol se move em torno dela). Como acreditar que o mundo não é realmente aquilo que se apresenta aos nossos olhos, à nossa experiência vivida e cotidiana? Como a ciência pôde derrubar uma "fé perceptiva" tão primordial como a aparente fixidez da Terra? Este será o tema da nova ciência iniciada no século XVII: o conflito do conhecimento científico com a informação sensorial, e o seu distanciamento radical do senso comum. É um tema que percorre a física até os dias de hoje.

Para ser objetiva, a ciência deve começar com a matemática, e não com a experiência habitual que temos do mundo, já que tal experiência é enganadora. Porém, para realizar essa manobra, Descartes teve que separar sujeito e mundo. Era preciso separar, de um lado, as experiências subjetivas, vividas em primeira pessoa, e, do outro, os objetos físicos, cujo movimento podia ser descrito por equações matemáticas. Ou seja, era preciso separar sensibilidade e razão – o mundo vivido e o mundo da descrição matemática abstrata. Mas a razão inteiramente separada da sensibilidade só seria possível se mente e matéria fossem distintas.

Contornando essa impossibilidade, a grande revolução de Descartes na história do pensamento foi a articulação entre matemática e um mundo físico descrito pela geometria analítica. A geometria analítica é fundamental para transformar objetos físicos em equações de álgebra – ou seja, para geometrizar e garantir a possibilidade de uma descrição matemática do mundo físico. O conhecimento matemático é autossustentado, isento das opiniões e armadilhas do mundo sensível. Assim se deu uma profunda aliança entre filosofia e ciência que durou pelos séculos seguintes até ser desfeita nas últimas décadas por alguns movimentos pós-modernistas que tentaram demonizar o conhecimento científico.

Há um sujeito que pensa: o "eu" abstrato que está ausente no cenário do mundo, composto por objetos materiais. O sujeito é retirado da descrição objetiva do mundo, que, para se tornar conhecimento, deve se basear no poder da matemática para fornecer ideias claras e distintas. Mas para onde foi esse sujeito, segregado do cenário do mundo? E o que podemos afirmar sobre ele, o *observador* que não faz parte do que é *observado*?

O preço da bem-sucedida manobra epistemológica de Descartes para fundamentar a nova ciência do século XVII é que ela foi acompanhada de mazelas metafísicas inevitáveis. Não sabemos o que é esse sujeito pensante, tampouco como ele poderia interferir no mundo físico. Este é o pior problema do dualismo de substâncias, que ficou no rastro de sua metafísica. O dualismo de substâncias foi tão rejeitado pela maioria dos filósofos da mente contemporâneos que passou a ser considerado uma posição filosófica obsoleta.

Essa separação entre sujeito e mundo, inicialmente concebida como uma estratégia para se poder aplicar a matemática à física, fundamentando assim a física de Galileu e a de Newton, acabou se transformando no problema "mente-corpo". Mais de um século depois, o filósofo alemão Immanuel Kant (1724-1804) apontou para um outro problema herdado da filosofia de Descartes, ao afirmar que o maior escândalo da filosofia moderna era ela nunca mais ter encontrado uma ponte entre a consciência e o mundo.

O paradoxo dessa separação foi tornar a ideia de subjetividade irreconciliável com a ciência. Cores, cheiros, sons e sabores passaram a ser dados sensoriais secundários, excluídos da ciência. Pois os estados intrinsecamente subjetivos e impossíveis de se analisar, que os filósofos da mente batizaram com o nome de *qualia*, não podiam ser acomodados na visão científica do mundo. Isso significa que, ao recuar do mundo sensível para poder descrevê-lo na linguagem neutra da ciência, ou seja, a linguagem da matemática, que não inclui nenhuma proposição em primeira pessoa, Galileu teria excluído a subjetividade desse mundo. Até agora os *qualia* não puderam ser reacomodados na linguagem científica.

A questão dos *qualia* ainda atormenta muitos filósofos da mente contemporâneos. A sua existência já foi defendida pelos críticos do materialismo, que argumentam que o fato de os *qualia* escaparem da descrição científica do mundo não implica necessariamente que eles não existam. Por outro lado, outros filósofos, como o estadunidense Daniel Dennett, argumentam que os *qualia* simplesmente não existem, que não passam de uma ficção filosófica inoportuna.

Tenho uma grande admiração por Daniel Dennett, de quem fui aluno. Mas discordo de sua posição sobre os *qualia*. Acredito que ela é contraintuitiva. Posso provar um bolo e achá-lo muito saboroso. Mas outra pessoa pode achá-lo enjoativo. Considerando o dito popular castelhano, os *qualia* são como as bruxas: *No creo en brujas, pero que las hay, las hay*.

A questão é saber se essas diferenças nas sensações são o que define a subjetividade. Os *qualia* são uma exceção importante à tentativa de descrever a mente em termos puramente físicos. Mas será que uma única exceção é suficiente para descartar toda uma teoria científica? Para descartar o materialismo como posição filosófica?

Acredito que modificações mínimas na vida mental e na configuração do cérebro, modificações que definem como, por exemplo, enxergo uma cor com mais intensidade do que os meus amigos, não são suficientes para determinar o que é a subjetividade. Posso fazer um corte de cabelo tão exótico que o torne único, mas isso nada tem a ver com a definição de subjetividade. Ser único não define o que é ser subjetivo.

Os *qualia* só são um problema filosófico quando acreditamos no mito da tradução, ou seja, que uma língua sempre pode ser traduzida para outra. Mas há contraexemplos que nos levam a duvidar desse mito. Quando o pensador islâmico Averroes tentou traduzir as obras de Aristóteles para o árabe, ele se defrontou com as palavras "comédia" e "tragédia". Essas palavras não puderam ser traduzidas pois, no meio islâmico, pelo menos até então, não existia o teatro.

O mesmo ocorre com os *qualia*: eles são resíduos da tentativa de se traduzir inteiramente a linguagem psicológica para a linguagem científica da neurociência. Mas nem tudo pode ser dito pela linguagem da ciência. Tampouco a existência desses resíduos intraduzíveis serve para se caracterizar plenamente a subjetividade. Quando algo não pode ser expressado na linguagem da neurociência, isso não significa que se trata necessariamente de um fenômeno que deve ser caracterizado como subjetivo, a não ser que acreditemos no mito da tradução perfeita.

Nessa linha de raciocínio, o neurocientista Vilayanur Ramachandran (1951) imaginou um experimento mental no qual os *qualia* de um cérebro podiam passar diretamente para outro. Suponhamos que, em um determinado momento, a área cerebral responsável pelo gosto "amargo" é ativada no cérebro de alguém. Em seguida, um cabo que transmite impulsos elétricos é conectado a essa mesma área do cérebro de outra pessoa. Para Ramachandran, isso seria suficiente para sustentar que os *qualia* deixam de ser entidades inefáveis quando a sua transmissão é direta. Sem a intermediação da linguagem, o problema se desfaz, pois desaparece a necessidade da tradução de uma linguagem para a outra.

As discussões sobre os *qualia* parecem partir de uma premissa enganosa que jamais permitirá que cheguemos a uma conclusão. A ciência foi feita para estabelecer leis gerais, leis que possam ser expressas por equações matemáticas. Explicar a natureza dos *qualia* não é, e nunca vai ser, uma tarefa da ciência, pois não há leis gerais para definir diferenças individuais. Isso seria uma contradição. Dessa forma, o problema dos *qualia* permanecerá sempre em aberto, sobretudo para os filósofos que querem reduzir a mente ao cérebro.

***

O *cogito* foi o pivô da revolução filosófica promovida por Descartes, pois é o fundamento do seu conhecimento. Descartes sabia que o *cogito* não podia ser apenas uma certeza subjetiva. Por isso, ele introduziu uma hipótese *ad hoc* que garantisse a correspondência entre as representações e algo no mundo. Essa hipótese era a existência de Deus.

Deus aparece ao longo das *Meditações* para resolver problemas metafísicos fundamentais. Um deles é saber se nós, partindo da dúvida e percorrendo o mesmo caminho de Descartes, *necessariamente* chegaremos ao *cogito*. Será que estamos diante de uma cadeia dedutiva que poderia ser concebida como um algoritmo, ou seja, como um procedimento mecânico que, tendo começo e fim predeterminados, sempre levaria inevitavelmente ao mesmo resultado? Ou será que o *cogito* transcende uma cadeia dedutiva? Há nele a fagulha de uma intuição instantânea?

Se o caminho até o *cogito* for um algoritmo, para ocorrer ele não precisará de nenhuma garantia externa à mente que o conceba e que o percorra. Em princípio, todos poderiam percorrer o caminho que leva ao *cogito*. A vantagem dessa visão seria o fato de ele ser independente quanto ao sujeito ou a uma máquina que percorra toda a cadeia dedutiva proposta nas *Meditações*. Um algoritmo pode ser executado tanto por um ser humano quanto por uma máquina. No entanto, isso seria admitir que a cadeia de raciocínios que leva ao *cogito* é mecanizável – isto é, que ela poderia ser executada por uma máquina. Essa hipótese era inaceitável para Descartes, que, como vimos, acreditava na existência de uma assimetria profunda entre mentes e máquinas.

Mas a hipótese contrária também seria inaceitável para ele. Ou seja, se o caminho para o *cogito* não for necessário e "algoritmizável", há o risco de que ele seja apenas uma experiência subjetiva única e efêmera, que poderia nunca mais se repetir. Em outras palavras, seria um incidente que ocorreu para Descartes e que poderia nunca mais ocorrer. Como uma proposição como o *cogito*, que deriva a sua força metafísica da interioridade do sujeito na qual ela ocorre, pode ao mesmo tempo ser uma proposição compartilhável, aceita como verdade universal? Como resolver esse possível conflito entre o privado e o público? Para evitar tal dilema, Descartes prefere lançar mão de uma garantia externa: Deus. O *cogito* não é uma experiência subjetiva efêmera, ou um incidente fortuito, pois ele estabelece uma ponte entre mente e mundo que é garantida pela existência de Deus. É Deus que torna o *cogito* uma certeza íntima e, ao mesmo tempo, universal.

Para Descartes, Deus é o grande fiador da objetividade das proposições, a garantia de que elas correspondem a algo no mundo – ou seja, de que existe alguma coisa além dos nossos estados mentais. Temos acesso a esses estados, mas não ao mundo. Este é na verdade uma *representação* de mundo impossível de ser validada. Então, estamos confinados em nossas mentes, que não têm como transbordar para além de si mesmas, para algo extramental, uma vez que os estados mentais só podem nos remeter a outros estados mentais. Em suma, embora sem conhecer o termo, Descartes já sabia que estávamos confinados numa *simulação*, e que algo fora dela seria necessário para garantir a existência de um mundo para além do que é fornecido pelos nossos sentidos e nas nossas mentes.

A existência de Deus, como a garantia de que as nossas representações se referem a algo no mundo, livra-nos da hipótese de que poderíamos estar incorrendo em um erro sistemático. Um erro que nos faria viver numa gigantesca alucinação coerente. Para evitar isso, era necessário que Deus não fosse enganador. Sem um Deus virtuoso, mente e mundo permaneceriam estanques, incomunicáveis, e só aparentemente correlacionados. Por isso, era fundamental provar a existência de Deus.

Acreditar nesse Deus significa acreditar na existência de um ser situado fora da simulação. É esse mesmo Deus que garante a universalidade do *cogito* e que, ao mesmo tempo, tem o poder de manipular a nossa percepção do modo que bem quiser. Porém, Ele não faz isso – daí ser um Deus virtuoso.

Como já foi dito, no século XVII a descrição do mundo feita pelo senso comum e a descrição científica não diferiam muito: o mundo era um conjunto de objetos físicos no espaço. Mas uma centelha de desencontro entre essas descrições – entre o mundo sensível e o mundo descrito pela abstração matemática – já começava a se mostrar.

Desde o cartesianismo, esses dois mundos foram se tornando cada vez mais irreconciliáveis. A distância entre eles aumentou inexoravelmente na física contemporânea com a teoria da relatividade e a mecânica quântica. A imagem do senso comum é alucinatória, mas, como precisamos dela, a única saída é a existência de uma coincidência entre alucinação e objeto alucinado: a alucinação verídica, a coincidência proporcionada por um Deus virtuoso. Ademais, Ele é epistemologicamente reconciliador, não desejando que a imagem científica também se torne alucinatória se ela for apenas uma abstração matemática na cabeça dos cientistas. Para Descartes, isso não poderia acontecer, pois a matemática era uma descrição confiável do mundo, a base da ciência e da racionalidade. Era uma ciência que sempre poderia corrigir a nossa visão do mundo baseada no senso comum.

O conhecimento é um milagre e Deus possibilita esse milagre. Com isso, Ele é vital na metafísica cartesiana. Deus e o *cogito* são a garantia de que podemos conhecer o mundo, de que existe algo para além dos nossos estados mentais.

Deus também é virtuoso por nos deixar perceber que o nosso senso comum só é verdadeiro por ser uma alucinação verídica. Como já vimos, essa é a fratura na simulação que nos permite perceber que estamos nela. Vivemos em uma simulação criada por nós mesmos, mas que por um milagre divino *coincide* com algum Universo que temos diante dos nossos olhos. E *saber isso* é um passo vital para superar os desafios do argumento do sonho e do gênio maligno.

O mundo da alucinação pode sempre ser investigado pela ciência. Podemos investigá-lo indefinidamente sem nunca chegarmos a uma versão final, pois ela também seria uma alucinação fornecida pelo nosso aparelho cognitivo. Não há como supor a existência de uma versão final, ou de que um dia poderemos chegar à *coisa-em-si* inatingível. Para o cartesianismo, não há um confronto entre *fenômeno* (aparência) e *coisa-em-si*, como defendeu Kant. Descartes acreditava na possibilidade de conhecer o mundo tal como ele é, uma possibilidade garantida pela força da razão e pela existência de um Deus que não fosse enganador. Já Kant, crítico de Descartes, afirmava que a filosofia dele era um "idealismo problemático" por não conciliar a imagem científica do mundo com a imagem do senso comum.

Caso Descartes fosse um habitante contemporâneo da simulação, a sua resposta provavelmente seria que as *coisas-em-si* e as *aparências* coincidem numa mesma versão. A possibilidade dessa coincidência é uma hipótese esquecida por

Kant. Ele supôs que o conflito entre senso comum e representação científica pudesse ser resolvido pela distinção entre *aparência* (fenômeno) e *coisa-em-si* (noúmeno). Mas esse problema continua sem uma solução definitiva, pois a história da metafísica ocidental é uma longa tentativa de se conciliar o sensível com o inteligível, um problema sempre recorrente.

O mundo de Descartes é o mundo de *Matrix*. No primeiro filme da franquia, é oferecida a possibilidade de se optar pelo mundo real ou pelo mundo alucinado. Tomar a pílula azul significa continuar vivendo no mundo alucinado. Já a pílula vermelha nos daria acesso à realidade. Descartes apostaria nesta última, pois acreditava na força da razão e da ciência. Já Kant acreditaria ser impossível tomar a pílula vermelha. Ele nunca pensaria que a pílula vermelha e a azul pudessem ser a mesma coisa. Ou seja, ele nunca pensaria na possibilidade aberta pela alucinação verídica, de que o mundo do senso comum e a sua versão alucinada podem ser o mesmo graças a uma coincidência proporcionada por Deus.

No entanto, no quarto filme da franquia, essa opção entre tomar a pílula azul ou a vermelha é desfeita: o livre-arbítrio também não passa de uma ilusão, de uma alucinação. Por isso, não existe realmente uma escolha entre um mundo real e outro alucinado. Nunca saberemos se vivemos em uma alucinação verídica, se estamos definitivamente condenados à ilusão, ou se um dia teremos acesso à realidade. Tomar uma pílula ou outra não passa de uma ilusão: a ilusão de uma liberdade que na verdade não possuímos. Do ponto de vista de *Matrix*, a existência de um mundo para além da nossa mente é um problema filosófico indecifrável. Mas Descartes não aceitava esse ponto de vista. Para ele, o Universo, o "mundo das coisas", existia mesmo que a sua representação pelo senso comum fosse incorreta. Que continuássemos no paradoxo da alucinação verídica. Pois Descartes era um realista quanto ao mundo físico e um platonista quanto à matemática.

A ideia de uma alucinação verídica, tendo Deus como fiador, é um caminho para se solucionar o ceticismo cartesiano em relação ao mundo exterior. É uma solução que permite aos corpos um modo de existência compatível com a física do século XVII. Ou seja, um modo de existência concebível como algo sólido, impenetrável e tridimensional, apesar de a sua materialidade ser, como diz a ciência contemporânea, uma representação incorreta do mundo. Mas até que ponto ela seria mesmo incorreta? E Descartes não estaria certo ao supor que os objetos do senso comum são a descrição verdadeira do Universo? Pois, afinal, não vivemos em uma simulação coerente, na qual, como já foi afirmado, chutar pedras produz dor?

Descartes era um solipsista e um internalista. O solipsismo se origina da ideia de que a reflexão filosófica tem como ponto de partida um "eu" individual. O solipsista está trancado nos seus pensamentos, mas, para conhecer o mundo externo, ele precisa superar esse limite. Essa é uma das principais dificuldades do solipsismo.

O internalismo é a ideia de que o pensamento é independente do mundo externo. Por exemplo, quando sentimos medo, normalmente achamos que esse estado mental tem uma causa fora de nós. Mas não é esse o raciocínio dos internalistas. Para eles, o medo é um pensamento que, para existir, não depende de nenhuma causa externa à mente, pois o mundo físico e o mundo mental são separados.

Uma das formas de superar as dificuldades impostas pelo solipsismo e pelo internalismo é postular a existência de um Deus aliado à ciência, assim como fez Descartes. A existência de Deus compartilhada com outros seres humanos rompe com o solipsismo. A representação científica do mundo, que ocorre na mente e é baseada na matemática, também é a descrição racional do mundo garantida por Deus e compartilhada com todos – pois a razão é universal. Portanto, o mundo descrito em números, representado apenas nas nossas mentes, é ao mesmo tempo o mundo que existe para além delas. É a chave para compreendê-lo e para realizar previsões corretas.

Como já dissemos, Deus, por não ser enganador, faz com que o mundo produzido pelos sentidos coincida com alguma coisa fora de nós. Ele fundamenta a alucinação verídica e nos livra da insensatez do erro sistemático. Ele faz com que as alucinações do senso comum sejam verídicas e garante que o nosso conhecimento matemático do mundo seja correto. Deus é o garantidor da objetividade das proposições científicas. O senso comum é a representação sensível do mundo. Já a ciência é a representação abstrata e simbólica. Ambas podem ser alucinações verídicas.

Sem Deus, não conseguiríamos mais justificar como uma ciência que representa o mundo de forma tão diferente dos nossos sentidos, a exemplo da mecânica quântica, pode coincidir com uma descrição correta desse mesmo mundo. Se matamos Deus, temos que aceitar um mistério não resolvido. Ou aceitar que o fato de a nossa ciência coincidir com o mundo é um acaso injustificável e, por isso, o mundo é na verdade incognoscível.

A ciência *funciona*. Isso é tudo o que podemos dizer dela atualmente, e talvez por isso mesmo ela tenha se convertido em tecnociência. Previsões precisas podem resultar de premissas erradas. Descartes certamente sabia disso, mas não queria que o senso comum pudesse ser concebido como uma premissa falsa (o que se dá na ciência contemporânea), pois ele era um realista: acreditava na existência de corpos físicos sólidos, extensos e impenetráveis.

No século XVII, a ciência era o espelho da natureza e a imagem do mundo, uma vez que a sua representação do Universo não era muito distante do senso comum. Mas no século passado isso tudo desapareceu. Os modelos científicos apresentam hoje um Universo além da nossa compreensão.

Vivemos numa simulação criada pelos nossos sentidos. Porém, como ela é uma alucinação verídica, podemos interferir e agir nela com sucesso. Manipulamos objetos físicos e sentimos dor se nos chocamos com eles. Deus nos dá essa garantia, pois provavelmente Ele é o criador e o arquiteto dessa simulação. Ele é, outrossim, o caminho para superarmos a contradição entre senso comum e ciência – o sensível e o inteligível. Por isso, provar a existência de Deus é uma tarefa fundamental, da qual Descartes se ocupa duas vezes nas suas *Meditações*.

Primeiro, a demonstração da existência de Deus proposta por Descartes se baseia no princípio da causalidade. Um ser finito e imperfeito não poderia gerar uma ideia de infinito e de perfeição. Apenas Deus poderia ter colocado essa ideia nas nossas mentes: a marca da ação causal de um ser infinito e perfeito. Porém, será que a ideia de infinito implica necessariamente a existência de Deus?

O raciocínio de Descartes é o seguinte: Deus é infinito, logo, se eu tiver uma ideia de infinito na minha mente, é porque Deus existe e a colocou lá. Mas por que a ideia de infinito não poderia ser gerada por outra fonte – por exemplo, ao posicionarmos um espelho diante de outro? A dúvida é saber se podemos enumerar quantos espelhos vemos quando os dispomos dessa forma. Ou seja, saber se existe, além do infinito composto por entidades enumeráveis, um outro tipo de infinito, que é resultante do fato de a quantidade desses espelhos ser "não-enumerável". De toda maneira, ambos os tipos são infinitos e não precisam de nenhuma divindade para tanto.

E segundo, o outro argumento central de Descartes para provar a existência de Deus é uma adaptação da prova formulada pelo filósofo medieval Anselmo da

Cantuária (1033-1109) no século XII. Anselmo argumentava que, por definição, Deus é o ser mais perfeito – sábio, todo-poderoso e infinitamente bom. E se Ele é o ser mais perfeito que podemos conceber, então não pode lhe faltar a propriedade de existir, pois "não existir" seria uma falha incompatível com tal ideia de perfeição. Assim, a existência de Deus decorre de sua própria definição como perfeito.

No resumo que precede às *Meditações*, Descartes acrescenta à demonstração de Anselmo que "é impossível que a ideia de Deus que em nós existe não tenha o próprio Deus como causa".[1] O argumento de Descartes é: temos a ideia de Deus em nós, logo Deus existe. Porém, será que a nossa mente seria capaz de conceber algo muito mais complexo do que ela mesma?

Deus pode ser infinito, mas nem por isso Ele necessariamente produziria a ideia de si mesmo em nós – a não ser que ambas as ideias (a de Deus e a de infinito) sejam indissociáveis. E como acabamos de ver, elas não são indissociáveis. Podemos ter a ideia de infinito nas nossas mentes sem ter a ideia de Deus acompanhando-a (o caso dos espelhos). Já a recíproca não é verdadeira: não é possível ter a ideia de Deus sem que a ideia de infinito a acompanhe. Portanto, Deus é infinito, mas a ideia de infinitude não é condição suficiente para se afirmar que Ele existe. E mesmo que Deus seja infinito, há outras entidades nas nossas mentes que também o são e que não foram produzidas por Ele.

Mas e se, inversamente, não houvesse a ideia de Deus em nós? Será que nesse caso iríamos inferir que Ele não existe? Que tipo de conexão existe entre Deus e a ideia que se tem Dele? Para que o argumento de Descartes ficasse mais claro, seria preciso provar que Deus e a ideia de Deus estão necessariamente correlacionados na nossa mente. Como vimos, a ideia de infinito não basta para isso.

O Deus de Descartes é uma entidade funcional acrescentada ao seu sistema filosófico. É uma hipótese conveniente do ponto de vista metafísico. É o *Deus ex machina* que garante a adequação entre mente e mundo, assim como a imutabilidade das leis da natureza. É o Deus garantidor da objetividade do conhecimento científico. O Deus sem o qual o *cogito* seria apenas um lampejo, uma sensação efêmera de certeza subjetiva.

---

1 Ver DESCARTES, R; ALQUIÉ, F. (ed.). *Oeuvres Philosophiques de Descartes*. Paris: Garnier Frères, tomo II, p. 402.

Há uma contradição intrínseca no enunciado "Penso, logo existo". Se tanto a sua afirmação quanto a sua negação são verdadeiras – isto é, se as proposições "eu penso" e "eu não penso" levam ao mesmo resultado (à existência de uma mente que pensa) –, o que me impede então de afirmar que 1 = 2 ou que 5 + 7 = 10, e assim por diante? Segundo a lógica clássica, de uma contradição posso derivar qualquer outra proposição. Isso significa entrar no reino do vale-tudo, pois admitir a contradição significa implodir a própria racionalidade – ou, pior ainda, configurar uma rachadura na simulação que poderia comprometer a sua própria coerência.

Agora, se o *cogito* for uma proposição da qual posso derivar arbitrariamente qualquer outra, como poderíamos considerá-lo a certeza fundante, a certeza primeira da qual seria possível derivar dedutivamente todas as outras, na filosofia e na ciência?

Talvez o *cogito* não seja uma proposição, mas apenas um *ponto de exclamação*: a experiência de que há algo se movimentando ininterruptamente dentro de nós. A nossa vida mental é errática, o que nos leva à sensação de que os nossos estados mentais se agitam o tempo todo, como se fizessem algo parecido com um "movimento browniano" – a atividade aleatória de partículas microscópicas, imersas num fluido, formando um zigue-zague caótico. Para os neurocientistas contemporâneos, isso revelaria apenas a atividade incessante do cérebro (o que tem sido comprovado pelas neuroimagens). Mas isso está longe de explicar a natureza do *cogito*. Afinal, o que é o *cogito*? O que faz com que ele seja possível e não autocontraditório?

Podemos afirmar que na linguagem há sentenças autocontraditórias, o *cogito* sendo uma delas. Por exemplo, se afirmo "Todas as generalizações são falsas", estou fazendo uma generalização. Logo, se esse enunciado for verdadeiro, ele também será falso. Da mesma maneira, se eu afirmar "Eu não existo", esse enunciado será falso simplesmente por ter sido formulado. O mesmo ocorre com o *cogito* – um enunciado autocontraditório que, no entanto, foi considerado por Descartes como o fundamento do conhecimento.

Como alternativa para esse problema, o físico italiano Carlo Rovelli sugere que o *cogito* não é o primeiro passo da reconstrução cartesiana. O primeiro passo na verdade é o *dubito ergo cogito* – "Quem duvida pensa, quem pensa existe" (*dubito, ergo cogito, ergo sum*). Mas será que isso resolve o paradoxo da autocontradição embutida no *cogito*?

Podemos considerar o *cogito* como uma "meta-proposição" – como o sujeito que fala de si mesmo por meio de uma metalinguagem. Metalinguagem é uma linguagem que concomitantemente fala das outras e descreve a si mesma. Se o *cogito* for considerado uma proposição formulada a partir dessa metalinguagem, a contradição então desaparecerá. Nesse sentido, o *cogito* não é apenas um pensamento, como também um pensamento *sobre* outros pensamentos. É um pensamento que se debruça sobre si mesmo e que se torna uma fagulha de consciência para os demais. Talvez a forma mais correta de enunciar o *cogito* seja: "Penso que penso, logo existo".

O *cogito* desvela a existência de uma mente. A mensagem do *cogito* é a de que o pensamento é um fluxo que não pode ser interrompido – como afirmaria séculos mais tarde o psicólogo estadunidense William James (1842-1910). Mas há outra peculiaridade sobre o *cogito* que o torna uma proposição especial, distinta de todas as proposições autorreferentes, como "Essa sentença tem cinco palavras": o *cogito* é um caso no qual uma proposição formulada *dentro* da mente coincide com uma proposição formulada *sobre* a mente. Isso o torna verdadeiro até mesmo quando o negamos, pois a sua negação inevitavelmente também é uma proposição formulada *dentro* da mente e *sobre* a mente.

O *cogito* não é autocontraditório, uma vez que não é o conteúdo da proposição que é fundante, mas sim o fato de eu *pensar* essa proposição, fazer com que ela seja uma ocorrência mental. O pensamento "Eu sou, logo existo" e a sua ocorrência simultânea na mente coincidem. Portanto, o *cogito* é uma consciência de si instantânea, uma certeza não apenas fundante, como também autofundante.

Mas será que há pensamentos *sobre* outros pensamentos? Essa é uma dúvida antiga na história da filosofia. No tratado de Aristóteles sobre a alma, o *De Anima*, ele concebe a consciência como uma característica da vida mental e, de acordo com o segundo capítulo do terceiro livro, como um *pensar sobre o pensamento*. Se de fato há pensamentos sobre pensamentos, será que eles têm alguma marca distintiva que nos permita identificá-los? Ou será essa ideia apenas uma metáfora arquitetônica que herdamos da neurociência – ou seja, que uma hierarquia na mente corresponde a um cérebro em camadas?

Descartes acreditava que a mente é transparente para si mesma. Temos acesso imediato e privilegiado aos nossos estados mentais sem precisarmos de nenhum tipo de instrumento para detectá-los e identificá-los. Eles são detectáveis pelo simples fato de comporem a nossa consciência. Mas será que a mente é, realmente, transparente para si mesma? E se existirem pensamentos inconscientes, que não poderiam ser detectados pela introspecção?

Para Descartes, essa questão não estava clara. Em uma carta de 16 de fevereiro de 1642, endereçada a Guillaume Gibieuf, filósofo e seu contemporâneo, ele sugere a existência de ideias das quais não temos consciência. São ideias inatas colocadas em nós por Deus. E nem todas podem aflorar à consciência. Mas poderíamos conhecer todas as nossas ideias inatas, mesmo se elas nunca se manifestassem? Gibieuf sugeria que elas podiam ser despertadas quando, em algumas ocasiões, encontrássemos algo no mundo que correspondesse a elas.

Se realmente há ideias das quais não somos cientes, é possível supor que a consciência é apenas uma parte do "eu". Como afirmou séculos mais tarde o filósofo francês Henri Bergson (1859-1941), é uma parte tão diminuta quanto a espuma que chega às praias em relação ao vasto oceano que a produz.

A hipótese de possíveis estados mentais inconscientes seria muito complicada para Descartes. Pois ele sustentava que a mente é mais fácil de se conhecer do que o corpo, e que, por isso, ela sempre é transparente para si mesma. Sei o que estou pensando, mas não sei o que está acontecendo no meu fígado neste momento. Em grande parte, o nosso corpo é opaco para nós mesmos.

Essa afirmação é parte do raciocínio que conduz ao estabelecimento da distinção entre mente e corpo. Ninguém consegue saber o que estou pensando. Somente eu tenho acesso ao fluxo da minha consciência. É um acesso privilegiado e privado. A privacidade é a marca da vida mental interior, fundamental para a constituição da subjetividade, pois ela demarca os contornos da *minha* perspectiva subjetiva, da *minha* percepção do mundo em primeira pessoa – uma percepção que posso, em algumas ocasiões, compartilhar usando a linguagem.

O acesso privilegiado revela uma mente distinta do corpo. Descartes sustentava que, se não conheço o meu corpo e, no entanto, conheço a minha mente, eles devem ser distintos. O filósofo britânico Bernard Williams (1929-2003) ironiza o argumento de Descartes, o que equivale a afirmar:

1 – Diante de mim há um homem mascarado, cuja identidade não conheço.

2 – Conheço a identidade de meu pai.

3 – Logo, o homem mascarado não é meu pai.

Analogamente, o argumento de Descartes equivaleria a afirmar que, em razão de eu não conhecer o meu corpo tão bem (o tal homem mascarado que não conheço), e de eu conhecer a minha mente (a identidade de meu pai), então a minha mente é necessariamente distinta do meu corpo (o homem mascarado não é o meu pai).

Para Descartes, a privacidade era uma fortaleza que protege a subjetividade. Uma fortaleza que torna o sujeito opaco para os outros. Uma fortaleza vazia ou que esconde segredos que, provavelmente, são comuns a todos nós. Mas, sem ela, sem a ideia do acesso privilegiado e exclusivo do sujeito aos seus próprios pensamentos, ficaríamos vulneráveis à manipulação e perderíamos a nossa ideia de liberdade. A liberdade, quase sempre associada à imprevisibilidade das nossas ações, é uma "ficção útil" que permite a organização moral e jurídica das sociedades. A ideia de liberdade permite responsabilizar uma pessoa por uma ação, seja ela boa ou má. A ação livre e deliberada nos remete também às ideias de consciência e de subjetividade. Contudo, essa "ficção útil" está sendo corroída pelo compartilhamento involuntário de dados pessoais nas redes sociais.

No cartesianismo, o acesso privilegiado ao mental é dado pela introspecção. O que conhecemos quando tentamos examinar a nossa própria mente? O *cogito*, a existência de um "eu" imaterial, é dado pela introspecção. Sem a introspecção, não poderíamos detectar a ocorrência de um pensamento em nós mesmos. Mas será que quando detectamos um pensamento ele se altera?

Essa hipótese seria válida se estados mentais fossem estados cerebrais, ou seja, algum tipo de matéria. O "princípio de indeterminação", formulado pelo físico alemão Werner Heisenberg (1901-1976), é o coração da mecânica quântica. De acordo com esse princípio, é impossível medir ao mesmo tempo a posição e a velocidade de uma partícula. Quanto mais precisamente soubermos a sua posição, mais imprecisa será a medida da sua velocidade. O ato de observar muda o objeto observado.

Imagine que você está vendado em um quarto escuro. Há um elefante andando nesse quarto e você quer saber onde ele está. Para isso, você joga bolas de pingue-pongue tentando acertá-lo. Você poderá saber onde ele está, para onde ele está indo e em qual velocidade. Mas imagine agora que, nessa mesma situação, você quer saber a posição e a velocidade de um aviãozinho de papel. Ao jogar muitas bolas de pingue-pongue para acertá-lo, você pode saber onde ele está, mas não exatamente a sua velocidade e para onde ele está indo. Pois as bolas de pingue-pongue afetariam a sua direção e velocidade. Por outro lado, se você jogar poucas bolas de pingue-pongue, poderá saber a sua velocidade e direção, mas não a sua localização. Portanto, quanto a esse objeto, não se pode saber localização e velocidade ao mesmo tempo.

O mesmo ocorre no mundo subatômico. Ao lidar com algo tão pequeno quanto um fóton, percebe-se a ocorrência do "princípio de indeterminação". Por exemplo, para saber a direção e a velocidade de um elétron, é preciso jogar um fóton nele. Mas isso não basta para localizá-lo. Como no caso do aviãozinho de papel, podemos bombardear o elétron com vários fótons e ter uma medida precisa da sua localização. Mas, nesse caso, perde-se a medida precisa da sua direção e velocidade, alteradas por tal bombardeio.

Supondo que os estados mentais são apenas estados cerebrais de uma dimensão subatômica – como certas partículas cuja existência não pode ser detectada, mas apenas inferida a partir de alguns rastros em aceleradores –, a introspecção, como um ato físico de auto-observação, alterará os objetos percebidos, ou seja, alterará os estados cerebrais. É o que afirma o "princípio de indeterminação" de Heisenberg. Assim, não é possível deduzir nenhuma certeza a partir da introspecção.

Para ter um acesso privilegiado ao "eu", a introspecção tem que ser um ato mental. Nesse caso, ela não causaria nenhuma distorção sobre o "eu", fosse ele mental ou físico. Em outras palavras, a introspecção, por ser um ato mental, não interviria no objeto observável (o "eu") e poderia descrevê-lo sem distorções, derivando inclusive certezas dele, como a sua imaterialidade dada pelo *cogito*.

Antes de acessar o "eu" como *cogito*, não temos como saber se ele é material ou imaterial. Mas em ambos os casos, independentemente de interagir com um "ser" material ou imaterial, a introspecção não pode ser *material*. Por um lado, se fosse matéria agindo sobre matéria, o "princípio de indeterminação" levaria a uma descrição incorreta ou incompleta. Por outro, se por exemplo a introspecção fosse *material* e agisse sobre um "eu" *imaterial*, o problema da interação mente-corpo precederia o *cogito* na cadeia das razões da primeira e da segunda meditação de Descartes, desorganizando a ordem lógica das *Meditações* como um todo.

Então, a alternativa é que a introspecção tem que ser algo *imaterial* agindo sobre um "ser" também *imaterial*. Caso contrário, ela não desvela o *cogito*. Porém, nesse caso, a primazia do "eu" imaterial fundante do sistema cartesiano é transferida para a pressuposição de que a introspecção é a *res cogitans* fundante – antecipando-se ao próprio *cogito* como ponto de partida. Ao se afirmar que o ato de introspecção é imaterial, estamos enunciando um pressuposto que esvazia a força dedutiva do *cogito*, que então deixa de ser a conclusão da cadeia argumentativa das *Meditações*.

O dilema se torna claro: ou a imaterialidade da introspecção precede o *cogito* para torná-lo possível, ou o ato de introspecção é na verdade algo *material* que interage com algo *imaterial* como o "eu" (o nó górdio da metafísica cartesiana). No primeiro caso, como vimos, o *cogito* passa a ser um postulado e não a conclusão que ocorre no curso da segunda meditação. No segundo caso, temos que pressupor que a questão das relações entre mente e corpo é um dado que precede todo o raciocínio das *Meditações*. O problema é que nenhum desses casos poderia ser aceito, pois ambos esvaziam a necessidade da cadeia argumentativa de Descartes nas *Meditações*. Pressupor o que se quer demonstrar é um erro lógico elementar.

Aceitar o dualismo, ou seja, a existência de atos mentais imateriais, é a única possibilidade de termos uma descrição correta e completa do mundo físico, uma descrição que não seja distorcida pelo "princípio de indeterminação" de Heisenberg. Foi esse o caminho seguido pelo físico húngaro John von Neumann (1903-197), que preferia aceitar tal dualismo. Mas infelizmente essa interpretação da mecânica quântica nunca foi bem recebida pela comunidade científica. O preconceito contra o dualismo prevaleceu.

Existe ainda outra possibilidade a ser examinada: a introspecção, como ato mental, pode incidir sobre um estado mental. Será que há relações causais entre estados mentais sem a interferência do cérebro? Será que podemos conceber que um estado mental pode se relacionar com outro sem nenhum tipo de mediação eletroquímica do cérebro?

Para chegar ao cogito precisamos da introspecção. Mas e se a introspecção não for um caminho confiável para se chegar ao *cogito*?

***

Em outra passagem de sua obra, no sexto capítulo das *Meditações*, Descartes busca definir o pensamento em contraposição aos objetos físicos. É nessa meditação que aparece o problema da interação entre mente e corpo. É preciso mostrar como a mente, embora distinta do corpo, está unida a ele.

Descartes enfrenta essa dificuldade afirmando que a união entre mente e corpo é concebível, mas não imaginável. A analogia para diferenciar o que se pode conceber e o que se pode imaginar é o quilógono, o polígono de mil lados. É possível conceber o quilógono, mas é impossível imaginá-lo. Esse argumento perdeu a sua força ao longo da história, pois atualmente passamos a representar o quilógono numa tela de computador, o que nos aproxima de poder imaginá-lo.

Também na sexta meditação, Descartes apresenta o "argumento da indivisibilidade" – a impossibilidade de se fatiar o mental. O físico e o mental são radicalmente diferentes: qualquer coisa extensa no espaço (como os corpos físicos) é infinitamente divisível; já as ideias que estão na minha mente não são divisíveis como um corpo físico. Não teria cabimento dizer que poderíamos cortar um pensamento ou uma crença da mesma maneira que cortamos uma fatia de pão.

Ao fazer essa afirmação, Descartes atribui ao mental uma característica radicalmente diferente daquela possuída pelos corpos físicos: a *não-espacialidade*. O físico é o mensurável e o orgânico. Já o mental não tem dimensão, peso ou espacialidade. Pensamentos não são *coisas extensas* que ocorrem no espaço – é nesse sentido que são indivisíveis. A indivisibilidade é uma propriedade intrínseca dos estados mentais, tornando-os incompatíveis com a matéria, sempre divisível.

Mas esse argumento é frágil. Descartes não teria como negar que as labaredas de uma fogueira e o fogo-fátuo dos cemitérios não fazem parte do mundo físico, embora sejam indivisíveis. Portanto, a ideia que parece sustentar esse argumento não é a de *extensão*, mas sim a de *visibilidade* dos corpos físicos, frequentemente associada ao fato de eles serem sólidos e impenetráveis, pois só assim seriam divisíveis.

É também no sexto capítulo das *Meditações* que Descartes afirma que a relação entre mente e corpo não pode ser comparada à de um timoneiro conduzindo o seu navio. Descartes rejeita essa analogia formulada por Platão, e afirma que corpo e mente formam um amálgama indissociável. Essa visão o aproximou da filosofia aristotélica, na qual a alma era concebida como *psyché*.

A *psyché* aristotélica, termo traduzido para o latim como *anima*, era concebida como a forma de um ser vivo. Aristóteles defendia que todos os seres são compostos por matéria e forma. Trata-se da doutrina do *hilemorfismo*. A forma é o que diferencia uma mesa de uma árvore, embora elas sejam feitas do mesmo material. No caso da *anima*, ou seja, da forma, esta é a essência de um ser vivo, a sua configuração, um princípio vital imanente distribuído pelo seu corpo. A *anima* é responsável pela coordenação das funções vitais, pelo equilíbrio entre elas, e pela adequação do comportamento ao meio ambiente.

Aristóteles rejeitava a doutrina da alma de Platão, que sustentava que esta era uma substância com uma existência independente do corpo. O corpo é a prisão da alma. Com a morte, a alma se livra do corpo e pode encarnar em outros animais – crença ancestral compartilhada por muitas religiões.

A *psyché* aristotélica é imanente ao corpo – que, sem ela, seria uma mera carcaça. Assim, o corpo não existiria sem a *psyché*, mas a *psyché* poderia existir sem o corpo. Aristóteles rejeitava a teoria platônica da transcendência da alma, porém defendia a imortalidade desta. O corpo pode decair, mas não a *psyché*. Se às vezes temos a impressão de que a *psyché* pode envelhecer e decair, isso se deve à decadência dos órgãos por meio dos quais ela se manifesta.

A teoria aristotélica da *anima*, adaptada pelos filósofos medievais, permitia conceber Jesus Cristo como a encarnação do filho de Deus – um espírito divino unido a um corpo humano. É a doutrina da "união hipostática", ou seja, do mistério da união do divino e do humano em Cristo. A doutrina do amálgama entre mente e corpo, defendida por Descartes no capítulo final das suas *Meditações*, é compatível com a união hipostática, aproximando o seu pensamento do aristotelismo defendido pela Igreja Católica.

No cartesianismo, o problema da conexão entre mente e corpo é crucial. O dualismo de substâncias depende da existência dessa conexão. Uma estratégia adotada por Descartes para resolver esse problema é buscar uma interação entre o indivisível e o divisível – pois a mente é indivisível e a matéria infinitamente divisível. A partir dessa premissa é possível elaborar um modelo para a interação entre mente e corpo.

A mente indivisível pode ser representada como um ponto matemático – um ponto metafísico. O corpo se comunica com esse ponto matemático por meio de um movimento instantâneo e indivisível, situado na glândula pineal. Esse movimento determina um sentimento correspondente na mente.

Mas como se estabelece tal interação? O corpo está ligado à glândula por meio de uma inervação que conecta todas as suas partes ao ponto matemático. Como a inervação é extensa, ela pode ser infinitamente dividida – isto é, ela pode ser concebida como uma quantidade infinita de pontos físicos. Uma régua com o comprimento de uma polegada é composta por infinitos pontos. Assim, sempre é possível estabelecer uma relação entre o ponto matemático – a mente – e um ponto físico em qualquer parte do corpo, pois este é constituído por um número infinito deles. Inversamente, qualquer movimento em qualquer parte do corpo determina um ponto físico que pode se relacionar com o ponto matemático, com a mente.

Tudo se passa como se imaginássemos um círculo com um ponto no centro e algo percorrendo o seu perímetro de forma a manter sempre o mesmo raio em relação ao centro. Os pontos físicos (o que está no perímetro) sempre se relacionarão com o ponto matemático (esse ponto único que fica no centro). Se a qualquer momento ocorrer um movimento no corpo, esse movimento poderá gerar um sentimento representado pelo ponto matemático no centro do círculo. E o ponto matemático pode receber uma sucessão de sentimentos sem que ele próprio varie. Por isso, apesar da movimentação que ocorre, a sensação de que temos uma mente indivisível permanece intacta.

Não importa qual ponto do perímetro do círculo produz a movimentação. Esta sempre será representada como algo que ocorre simultaneamente no ponto matemático do centro – porque o perímetro é infinitamente divisível, enquanto o movimento é instantâneo e indivisível. A distância percorrida pelo movimento, do seu ponto de partida físico até a chegada no ponto matemático, não faz diferença, pois o que é infinito sempre pode ser percorrido num mesmo tempo. Um segmento que mede uma polegada é composto por um número infinito de pontos. Um segmento que mede um quilômetro também é composto por um número infinito de pontos. Cada ponto no segmento de uma polegada tem dado ponto correspondente no segmento de um quilômetro: ambos os segmentos podem ser infinitamente divididos até encontrarmos uma correspondência ponto a ponto. Por essa perspectiva, podemos afirmar que o segmento de uma polegada é igual ao de um quilômetro. Afinal, como negar que ∞ = ∞? Assim, pouco importa a localização corporal do estímulo ou do movimento, pois, como ele determina infinitos pontos físicos, sempre haverá um que se relacione com o ponto matemático no centro, com a mente.

Com isso, passamos do infinitamente divisível – o corpo – para o indivisível – a mente – estabelecendo um paralelismo perfeito entre eles (o que denominamos *psicofísica*). Tal paralelismo pode ser concebido de acordo com esse modelo inspirado na geometria, sem precisar explicar como o corpo pode gerar a mente e vice-versa. A interface entre mente e corpo permanece sem explicação, mas a sua interação se torna concebível.

Nos dias de hoje, o fundamento desse modelo de interação proposto por Descartes é a transformação do analógico em digital. Tudo o que ocorre no corpo, como percepção ou sensação, é analógico, ou seja, contínuo – pois, como vimos, há um número infinito de pontos físicos que constituem a sua matéria extensa. Já a mente funciona por estados discretos e indivisíveis, que compõem a sucessão de estados que ocorre no ponto matemático. Em outras palavras, o que se passa no corpo é analógico e o que se passa na mente é digital.

O problema desse modelo é a existência de assimetrias entre máquinas analógicas e digitais. Uma máquina analógica é contínua. Uma máquina digital funciona por estados discretos – ou seja, para uma máquina digital não existe nenhum estado intermediário entre 0 e 1. Um *dimmer* de iluminação e um reostato são analógicos, por exemplo. Mas o interruptor é digital, pois só permite dois estados: "ligado" ou "desligado".

Nem tudo o que ocorre em uma máquina analógica é representável numa máquina digital. A linguagem, por exemplo, é intrinsecamente serial, e por isso pode ser simulada mais facilmente por uma máquina digital, uma vez que ela é uma combinação de estados discretos. No entanto, a percepção visual é contínua, e por isso uma máquina analógica é mais adequada para simulá-la. Essa assimetria pode contar como mais um ponto para reforçar a distinção entre o físico (analógico) e o mental (digital) – o que em princípio reforça o dualismo de substâncias.

Uma assimetria desse tipo poderia desafiar a interação psicofísica proposta por Descartes. Não há um mapeamento exato entre o analógico e o digital. Mas isso só seria um problema se acreditássemos no mito da tradução, que já abordamos.

***

A união substancial entre mente e corpo defendida por Descartes produziu alguns problemas filosóficos inquietantes. Como a alma é indivisível, mantendo-se sempre una, não podemos perder partes dela, mas sim partes do corpo. Nesse sentido, as dores de membros fantasmas levantam questões desafiadoras: como é possível sentir dores ou coceiras em braços ou pernas que já foram amputados? Um exemplo famoso é o do almirante britânico Horátio Nelson (1758-1805) que, por suas vitórias militares, recebeu como homenagem uma estátua na Trafalgar Square em Londres. Nelson sentia dores no seu braço amputado, perdido numa batalha, e entendia isso como um argumento a favor da imortalidade da alma – pois, se um braço pode sobreviver, ser "sentido", depois de ser destruído, por que não poderíamos afirmar o mesmo acerca do corpo inteiro? Não seria essa a prova de que há algo imaterial que interfere no corpo?

Na obra *Princípios da Filosofia* (1644), Descartes se refere ao caso de uma menina que tinha uma das mãos tão ulcerada que ela não conseguia olhá-la, tendo que ser vendada todas as vezes que o médico trocava o curativo. Essa menina precisou ter o braço amputado do cotovelo para baixo. Descartes conta que ela continuou reclamando das dores das feridas apesar de a sua mão ter sido amputada com o braço. Na época, ele explicava a persistência dessas dores pela existência de mensagens neurais que imitavam o que ocorria quando o membro ainda estava intacto. Esse tipo de explicação é praticamente a mesma que encontramos na neurociência atual.

Mas quanto do seu corpo você pode perder sem deixar de ser você mesmo(a)? Você é uma pessoa diferente após ter a sua perna amputada? A maioria vai concordar que não, que você é a mesma pessoa de antes. Mas e se você tiver todos os quatro membros amputados, ainda é o mesmo ser humano? Sem dúvida você é. O que você tem que perder então para deixar de ser quem você é?

Imagine que todo o seu corpo tenha sido removido com exceção do cérebro, mantido "vivo" numa proveta com nutrientes. Você continuaria a pensar e poderia transmitir os seus pensamentos por meio de eletrodos que ligariam o seu cérebro a um teclado de computador. Seria isso suficiente para dizer que mente e cérebro são a mesma coisa? O problema se complica quando assumimos que a mente está combinada ao corpo. Será que a ausência total do corpo significaria também a ausência total da mente? Após a remoção total do corpo, sobraria alguma coisa?

De acordo com Descartes, sobraria a alma imortal, una e simples. O *cogito* não desvela o ser humano (esse ser fisiológico), mas sim desvela um "eu" que pode ser concebido independentemente de qualquer substrato material. Podemos duvidar da existência do corpo, mas não podemos duvidar da existência da mente. A ideia de corpo pode derivar de uma falsa representação. Mas a existência da mente é garantida pela certeza do *cogito*.

Até que ponto podemos sustentar que mente e corpo podem ser concebidos de forma independente? Outra evidência, além dos argumentos de Descartes, é o fato de que os processos cerebrais que produzem a mente não participam da introspecção. Em outras palavras, não faz parte do meu "eu" aquilo que o produz. Isso nos inclina a supor que a mente pode ser concebida independentemente de um corpo material. Mas talvez essa seja uma sensação falsa (como a fixidez aparente da Terra). Há ainda outro argumento. Por uma perspectiva subjetiva, não fazemos parte do mundo cujo desenrolar acompanhamos. Tudo se passa como se o "eu" fosse uma cadeira num imenso teatro em que assistimos sentados a uma peça longa e falsamente interminável, na qual não somos personagens protagonistas, antagonistas ou coadjuvantes. Dessa forma, desprovido de um "papel", de uma participação, supõe-se que o "eu" não faz parte do mundo físico e que, por isso, ele pode ser concebido independentemente do corpo.

A possibilidade de conceber a mente sem o corpo expõe mais uma vez a grande dificuldade do sistema filosófico cartesiano. Se mente e corpo são distintos e têm propriedades incompatíveis, como explicar então a sua união substancial? Como, por exemplo, explicar a existência da dor – em especial, a existência das dores fantasmas causadas por membros amputados?

As amputações mostram que uma explicação fisiológica por si só não basta para esclarecer como um estímulo pode ser produzido por uma inervação já inexistente. A dor teria que ocorrer somente na mente de pessoas que sofreram uma amputação. Mas nesse caso não teríamos como explicar, causalmente, a origem desse tipo de dor. Seria possível conceber a dor como um fenômeno que ocorre apenas na mente? Será que faz sentido falar de sensações pura e exclusivamente mentais?

Entretanto, há consequências ainda mais bizarras quando refletimos sobre o problema da dor na questão das amputações. Imagine uma pessoa que perde um dos braços, mas que consegue recolhê-lo e levá-lo a um hospital para fazer um reimplante. Nesse caso, o cirurgião teria que anestesiar não apenas a pessoa como também o braço a ser reimplantado, para que este não sinta dor. Mas essa situação seria paradoxal.

Na filosofia da mente contemporânea, existe uma corrente – o materialismo eliminativo – que aposta na provisoriedade da psicologia e da filosofia, prestes a serem substituídas pela neurociência. É uma aposta parecida com a dos positivistas no século XIX, defensores de que a metafísica desapareceria quando os seus temas pudessem ser abordados pela ciência.

Os eliminativistas sustentam que a dor não é uma questão filosófica. Para tanto, eles se baseiam na identificação de alguns neurônios que, quando ativados, são responsáveis pela percepção da dor – cuja explicação não precisa incorporar necessariamente um elemento subjetivo inefável.

À primeira vista, os eliminativistas parecem estar certos ao afirmar que as dores não podem ser subjetivas. Pois nesse caso não poderíamos anestesiá-las usando medicamentos. A anestesia é uma intervenção química que suspende temporariamente os mecanismos cerebrais que produzem dor. Se além da ativação desses mecanismos houvesse outro fator envolvido na produção da dor, esta não poderia ser totalmente inibida pela anestesia geral. Ou seja, se uma intervenção química no cérebro suspende a dor, isso só é possível porque a consciência pode sofrer a intervenção de algo material. Para tanto, é preciso supor que a consciência também deve ser produzida por mecanismos cerebrais. Até hoje isso não foi demonstrado.

No entanto, esse problema pode ser mais complicado ainda. Talvez seja ilusório supor que a anestesia atua diretamente sobre a consciência. A anestesia local, por exemplo, suprime a dor sem suprimir a consciência – o que pode levar à conclusão de que uma não está necessariamente associada a outra. Por um lado, isso favorece o materialismo eliminativo, produzindo uma explicação para a dor sem ter que envolver elementos subjetivos. Mas por outro lado, a anestesia local fornece a evidência de que a dor não ocorre nem na mente, nem no corpo. Ela ocorre na ligação entre eles – essa região obscura sobre a qual Descartes afirmava que só podemos obter um conhecimento confuso.

Os eliminativistas não explicam como algo "impessoal" (os mecanismos cerebrais da dor) se converte em algo "pessoal" (uma experiência dolorosa súbita e excruciante). Não há dores a não ser que elas sejam as *minhas* dores ou as de alguém. É um processo de personalização, no qual é preciso explicar algo mais, para além da atividade dos mecanismos cerebrais. Essa pertença está intimamente associada a uma subjetividade, mas não é explicada pela identificação dos neurônios que são ativados. Identificar mecanismos cerebrais não basta para substituir a nossa compreensão pessoal da dor por uma descrição científica inteiramente objetiva. A explicação dos eliminativistas fica então pela metade – pois, como notamos, é preciso que aceitemos como pressuposto que a consciência pode ser reduzida a algo material. O problema mente-corpo reaparece.

O que torna a dor um estado mental inefável? Ainda não conseguimos replicá-la em nenhum tipo de mecanismo. Mesmo que inventemos uma máquina que pode berrar quando for destruída, isso não significa que replicamos a dor.

A dor é um estado mental privado. O filósofo austríaco Ludwig Wittgenstein (1889-1951) não aceitava essa hipótese e contra-argumentava a partir de um experimento mental. Suponhamos que algumas pessoas tenham um besouro numa caixa. Cada uma delas pode observar o conteúdo de sua própria caixa, mas não o conteúdo das outras. Imagine agora que cada uma dessas pessoas responde "besouro" quando alguém pergunta o que tem na caixa. Como ninguém realmente vê o que está na caixa do outro, a palavra "besouro" não significa nada além do que cada pessoa vê em sua própria caixa. Ou seja, as suas impressões subjetivas, justamente por serem privadas, não permitem especificar um objeto comum a todas as caixas. Essas sensações não significam nada até que o significado da palavra "besouro" seja compartilhado e passe a ser usado na linguagem. O uso define uma referência comum a todos.

Não se trata de negar a existência de sensações subjetivas. Trata-se de afirmar que é necessário *referir-se* a elas para que possam entrar num jogo de linguagem que determine os seus significados pelo uso. O significado tem que ser compartilhável e público para que possa ser definido pelo uso. "Público" quer dizer acessível, e não necessariamente *de natureza social*.

Mas o caso da dor parece ser uma exceção. Eu posso sentir dor sem ter definido as palavras e os gestos que a inserem numa linguagem. A dor é uma sensação em estado bruto que se manifesta antes de ser especificada. A questão não é saber se a dor é privada ou pública, mas sim o fato de que algo que ocorre no meu corpo pode invadir a minha mente de forma incontrolável.

Situar a dor na inervação que liga o corpo ao cérebro também é a estratégia usada por Descartes para explicar (de acordo com a sua fisiologia) as dores nos membros fantasmas. Se alguém tem uma dor fantasma no pé amputado, o estímulo nervoso é conduzido à glândula pineal. Esse nervo que vai do pé ao cérebro pode ser estimulado em qualquer ponto do seu percurso, e por isso pode produzir uma dor fantasma mesmo após uma de suas extremidades (como o pé) ter sido amputada.

Apesar de mente e corpo estarem conectados, Descartes nunca acreditou que a perda de uma parte do corpo fosse também a perda de uma parte da mente. A mente não é extensa, e, por isso, ela é indivisível. Mas como algo que não é extenso pode estar combinado a algo extenso?

Descartes encontra uma resposta para essa dúvida na proposição n. 30 de *As Paixões da alma*, afirmando que "a alma está unida a todas as partes do corpo conjuntamente".[2] A alma está unida ao corpo como um todo, embora esteja predominantemente no cérebro. O corpo é uma unidade indivisível do ponto de vista fisiológico. Ele é constituído por um conjunto de órgãos que interagem entre si. Seccionar uma parte do corpo não significa seccionar a alma, que só se retira definitivamente dele quando se dissolve o conjunto dos seus órgãos.

A fisiologia de Descartes era bem avançada para a sua época e não difere muito da atual. No entanto, atualmente a sua tese da indivisibilidade da mente é desafiada por experimentos da neurociência. Por exemplo, pacientes com epilepsia grave precisam se submeter a uma cirurgia que divide o cérebro em dois

2 Ver DESCARTES, R; ALQUIÉ, F. (ed.). *Oeuvres Philosophiques de Descartes*. Paris: Garnier Frères, tomo III, 1963, p. 976.

hemisférios. Nessa cirurgia, um feixe de nervos que liga os dois hemisférios é removido. Sem o corpo caloso, os hemisférios direito e esquerdo não podem mais se comunicar. Essa cirurgia não deveria afetar a mente se esta fosse realmente imaterial – pois continuaria una e indivisível. Contudo, vários pacientes relataram que as suas mãos começaram a ter um comportamento estranho e por vezes conflituoso após a cirurgia. Elas pareciam ser comandadas por duas mentes diferentes em disputa: enquanto a mão esquerda se levantava, a direita mandava que ela se abaixasse. Dividir o cérebro em duas partes produziu assim duas mentes. Se a mente não fosse redutível ao cérebro, esse conflito não aconteceria.

A filosofia da mente e a ciência cognitiva desafiam as ideias de Descartes. Para os cientistas cognitivos, em vez de simples e una, a mente é composta por módulos especializados – ideia defendida pelo filósofo Jerry Fodor e pelos psicólogos Steven Pinker e Leda Cosmides. Ademais, na inteligência artificial, a modularidade da mente foi defendida por alguns de seus fundadores, como Marvin Minsky, e atualmente é o pressuposto teórico para o desenvolvimento de *softwares* de aprendizagem. Os novos dispositivos da inteligência artificial são especializados, dirigidos a uma única tarefa.

Nessas linhas, a mente é constituída por módulos que correspondem a funções específicas, mas não há mais a esperança de se encontrar um módulo geral que funcione como uma interface entre todos. Será que os módulos com os quais os cientistas cognitivos representam a mente correspondem a áreas cerebrais específicas e delimitadas? Ou será que esses módulos são divisões apenas metodológicas? Um mapa da mente corresponde a um mapa do cérebro?

Acredito que essas perguntas, assim como a perspectiva de não podermos respondê-las tão cedo, não mudam o fato de que vivemos numa simulação e de que estamos confinados nela. A grande dúvida acerca do argumento do sonho é saber se a dor não poderia implodir a simulação e desvendar o que é o *Matrix*. Como já vimos, a dor pode fazer com que uma pessoa perceba que está numa simulação, mas não basta para que essa pessoa saia dela, "desperte do sonho".

A dor resiste a qualquer descrição, seja verbal, seja nos termos do *software* de uma máquina. Por exemplo, a descrição da dor causada por uma cólica renal nunca será suficiente – ou seja, nunca corresponderá ao que de fato significa ter uma pedra no rim. Há algo impossível de se eliminar na dor de se ter um cálculo renal. Ou na dor lancinante de um membro fantasma. Talvez seja impossível eliminar a dor porque a senciência também não é eliminável. Mas falaremos de senciência mais adiante e sobre como Descartes tentou, com a sua doutrina dos animais-máquinas, negar a sua existência na maior parte dos seres vivos, reservando-a exclusivamente aos seres humanos. Tratar criaturas sencientes, especialmente as que têm um sistema nervoso, como incapazes de sentir dor é um erro grave, uma extensão indevida do que só poderia ser afirmado sobre autômatos ou robôs.

***

Reações ao pensamento de Descartes ecoam até hoje. No século XX, alguns dos seus leitores ainda tentaram reinterpretar o significado do dualismo mente-corpo. Historiadores da filosofia, como o brasileiro Lívio Teixeira (1901-1975) e o britânico John Cottingham, insistiram na ideia de que a separação entre mente e corpo em Descartes era apenas um artifício filosófico na sua argumentação, não implicando uma distinção real entre duas substâncias completamente diferentes. A mente é *separável* do corpo, mas isso não significa que ela seja de fato *separada* dele. Ou seja, não há duas substâncias diferentes, mas sim apenas uma que poderia ser descrita de formas diferentes.

Porém, esta não foi a interpretação da filosofia de Descartes que prevaleceu. A separação entre as substâncias física e mental, incluindo todas as dificuldades envolvidas em sua interação, foi a herança de Descartes. Ela ainda predomina em versões populares de sua filosofia, como a de António Damásio no livro *O erro de Descartes*. O tal "erro" teria sido manter uma *separação* entre pensamento e emoção – o inteligível e o sensível. Trata-se daquele velho problema mente-corpo que agora se apresenta como mente-cérebro.

Infelizmente, Damásio incorre num deslize que é frequente na história da filosofia: há uma diferença entre os significados de "separar" e "distinguir". É claro que as noções de separação e de distinção são muito próximas. Mas salientar apenas a separação significa ofuscar a verdadeira intenção de Descartes, e esquecer que "distinguir" não pressupõe um hiato intransponível entre as partes diferenciadas. Ou seja, é possível admitir que duas coisas são diferentes *com* ou *sem* um vínculo entre elas.

Recentemente, a filósofa estadunidense Lynne Rudder Baker desenvolveu o conceito de "constituição de propriedades" no seu livro de 2007, *The Metaphysics of Everyday Life* ("A Metafísica da Vida Cotidiana"). Esse conceito me parece uma boa ferramenta conceitual para se interpretar a existência de um amálgama entre mente e corpo, como proposto por Descartes no último capítulo das *Meditações*.

Baker chama a atenção para o fato de que frequentemente interpretamos *unidade* como *identidade*, mas isso nem sempre é verdadeiro. O dinheiro e o papel são um exemplo típico. Uma nota de dez reais é feita de papel. Dizemos até que ela é papel quando nos referimos a isso com desdém. Mas sabemos muito bem que papel e dinheiro são coisas diferentes. Ainda assim, eles formam um amálgama perfeito. Igualmente, entre mente e corpo, Descartes primeiro estabelece a tese da distinção para só depois, a partir dela, propor a tese da unidade. Duas coisas não precisam ser idênticas para estarem unidas. As uniões entre papel e dinheiro e entre mente e corpo são uniões contingentes.

Se interpretarmos Descartes dessa maneira, ele recobrará uma coerência ao longo dos seis capítulos das *Meditações*. O mais interessante é que podemos vislumbrar tanto aproximações quanto rupturas com a metafísica aristotélica nessa obra, além da adoção da ideia de *anima*. Aristóteles diria que "ser dinheiro" é uma propriedade acidental da substância que o constitui – ou seja, do papel. O que dá identidade para algo é o material de que é feito. O resto seria propriedade acidental. Mas será que isso é sempre verdade? Um pedaço de mármore se torna uma estátua, sem que por isso ele deixe de existir, porém a sua identidade passa a ser outra. Será que poderíamos dizer o mesmo em relação a dinheiro e papel, mesa e árvore, ou corpo e mente?

Essas interpretações são plausíveis e coerentes. No entanto, elas tornam inútil a hipótese cartesiana de que a glândula pineal é a responsável pela interface entre mente e corpo. Então, para que serve essa glândula? Tem uma peça faltando no quebra-cabeça.

Descartes acreditava que a glândula pineal tinha propriedades que permitiam que ela se tornasse uma interface entre o mental e o físico. Ele acreditava também que os animais não tinham nem mente, nem glândula pineal, e que por isso não podiam pensar ou tomar decisões, pois seus comportamentos eram meros reflexos, consequências de estímulos específicos.

Essa hipótese da glândula pineal enfrentou muitas objeções quando foi formulada. Havia informações contraditórias. Pesquisas realizadas na época mostraram que há animais que não precisam do cérebro para se mover: mesmo tendo o cérebro amputado, uma tartaruga ainda era capaz de se mover por três dias, o mesmo ocorrendo com cobras decapitadas. E a dissecação de alguns animais provou que a hipótese de que eles não têm glândula pineal é incorreta. Portanto, o problema da interação entre a mente e o corpo e, consequentemente, o problema da causação mental continuaram sem solução.

Talvez o *cogito*, o ponto de partida de todas essas reflexões, nunca tenha passado de um equívoco. Talvez Descartes tenha incorrido na ilusão de que as vozes que ouvimos, confinadas no nosso crânio, não são algo material pois elas não têm peso e não poderíamos segurá-las em nossas mãos. Foi por isso que ele acreditou que o *cogito* separava mente e corpo, assim como a mente poderia ser concebida independentemente da existência de um corpo. Porém, como observou o filósofo alemão Peter Sloterdijk, há um salto abrupto entre ouvir a si mesmo pensando e deduzir a sua própria existência. Para Sloterdijk, é provável que o *cogito* não revele a existência de uma mente, mas sim a existência do *ouvir-se* como um dado imediato da consciência. Por isso, o *cogito* não é uma descoberta filosófica. É a percepção de um fenômeno psicoacústico.

Como seria a história da filosofia moderna se os contemporâneos de Descartes tivessem entendido o *cogito* como um equívoco? Ou caso o problema mente-corpo fosse tratado como um pseudoproblema? E se o *cogito* fosse apenas uma *sensação efêmera* de certeza?

Acredito que a ciência de Descartes pode iluminar o problema mente-corpo ou mente-cérebro sem a necessidade de hipóteses metafísicas que extrapolem a filosofia cartesiana. Mas para isso é preciso interrogar adequadamente a ciência de Descartes e complementá-la com o conceito de informação.

Capítulo III
Mente, corpo e informação

Nos manuais de história da filosofia, Descartes é frequentemente apresentado como um dos grandes defensores do dualismo mente-corpo. Ele fraciona o mundo em duas partes. De um lado, há uma imagem da mente e do mundo vista por um ângulo subjetivo, interior e privado. Do outro, uma imagem da mente e do mundo vista pela ciência, ou seja, como algo objetivo, externo e público. Essa divisão corresponde às perspectivas sobre o mundo que podemos assumir: uma perspectiva em primeira pessoa e outra em terceira, respectivamente.

Para entender a diferença entre essas perspectivas, basta imaginar como sentimos nosso próprio corpo e a intensidade de uma dor que podemos estar sentindo. Conhecemos nosso corpo a partir de seu interior. E é da mesma forma que sentimos a intensidade de uma dor. Essa perspectiva nunca coincide com a de um médico, que examina meu corpo adotando uma perspectiva em terceira pessoa.

Como o médico, a ciência descreve o mundo em terceira pessoa, e, ao fazê-lo, exclui a subjetividade. Esse é o dualismo substancial – uma posição que exerceu profunda influência sobre a filosofia nos séculos XVII e XVIII. São perspectivas sobre um mesmo mundo que, no entanto, produzem imagens irreconciliáveis.

É raro encontrar um defensor do dualismo de substâncias na filosofia da mente contemporânea. Uma das razões para isso é a tendência de associá-lo à defesa de algum credo religioso que sustenta a existência de uma alma imortal – uma alma que sobrevive após a morte, independente do corpo. Mas não é apenas a filosofia da mente contemporânea que rejeita o dualismo de substâncias. A maioria dos cientistas, especialmente os neurobiólogos, também o considera uma teoria obsoleta.

Todavia, há algumas questões contraditórias quanto a essa rejeição. Se o dualismo de substâncias realmente fosse uma filosofia da mente anticientífica, então como poderia ter sido o fundamento para a nova ciência matemática que surgiu no século XVII? Será que o preço da ciência foi um problema metafísico insolúvel? Acredito que o dualismo de substâncias pode ser reabilitado se mostrarmos que ele não é necessariamente incompatível com a ciência. E creio que ele não nos força a aceitar que a descrição científica do mundo é incompleta por não poder incluir a consciência.

Sobre esta, Descartes foi um dos primeiros filósofos a levar o seu problema a sério. Tal expressão ("levar o problema da consciência a sério") foi usada pelo filósofo David Chalmers, mencionado no capítulo I. A consciência no cartesianismo estabelece uma linha divisória, separando humanos de um lado e animais e autômatos do outro. Como vimos, consciência e pensamento são a mesma coisa para Descartes. Já Chalmers segue outro caminho. Ele dissocia pensamento e consciência, aparentemente se afastando de Descartes. Mas isso não o afasta tanto assim. Ele propõe a possibilidade da existência de criaturas humanas dotadas de pensamento, capazes de pensar, mas desprovidas de consciência. E chama essas criaturas incompletas de "zumbis". O zumbi seria o sucessor do autômato cartesiano, a criatura que pode ser funcionalmente equivalente a um ser humano, mas que nunca poderia replicar a mente ou a consciência.

Com isso, Chalmers abriu uma nova perspectiva para o dualismo ao introduzir o "dualismo naturalista": não há uma substância imaterial, mas sim duas substâncias de materialidades inteiramente diferentes entre si. O *mental*, por ter uma materialidade distinta do *físico*, tem uma ontologia específica que não pode ser reduzida a nenhuma outra. Da mesma forma, fenômenos eletromagnéticos não podem ser reduzidos a fenômenos mecânicos e, por isso, é preciso considerá-los entidades físicas novas. Utilizarei essa perspectiva sobre o dualismo para propor uma solução ao problema metafísico formulado por Descartes, quanto à interação entre mente e matéria. Essa nova perspectiva emerge de uma reavaliação conjunta da ciência dele – em especial da física e da fisiologia com a metafísica.

Sobre essa interação entre mente e matéria, Descartes postulava a existência de dois tipos de "coisas" (*res*): a *res cogitans* e a *res extensa*. *Res* significa "coisa". É uma palavra frequentemente traduzida do latim como "substância". Para a física do século XVII, uma "coisa" é algo que jaz diante de nós, uma *substância* primária – o que reforça tal tradução. Logo, temos a "substância pensante" (*res cogitans*, ou mente) e a "substância extensa" (*res extensa*, ou matéria).

Sobre reavaliar a ciência de Descartes, uma de suas principais obras científicas é o *Le monde ou Traité de la Lumière* ("O mundo, ou Tratado da Luz"), publicado em 1664, catorze anos após a sua morte. Nesse livro, ele busca explicar o funcionamento do mundo e a natureza da luz. Mas, como já observamos, até hoje a ciência de Descartes é considerada pelos historiadores algo apenas anexo à sua filosofia, como uma espécie de relíquia da história das ideias. A única exceção reconhecida é a geometria analítica, também exposta nessa obra. E de fato, a física de Descartes tem um baixo valor empírico. Ela é muito especulativa quando comparada aos padrões contemporâneos. No entanto, o próprio Descartes atribuía à sua ciência um papel fundamental no seu sistema filosófico. E é comum que se esqueça que ele afirmou que as *Meditações*, sua obra-prima na filosofia, tinha como objetivo tornar a sua ciência possível do ponto de vista filosófico e conceitual.

Talvez o melhor exemplo contra essa má reputação seja notar que, nos *Princípios de Filosofia* (1644), Descartes enuncia dois princípios básicos de movimento: a perpetuidade deste e a trajetória retilínea. Curiosamente, esses princípios se assemelham à primeira lei de Newton: a da inércia. O primeiro desses princípios afirma que todo objeto, uma vez dotado de movimento, permanece nesse mesmo estado para sempre, a não ser que colida com outro objeto ou seja submetido a uma força contrária que possa detê-lo. O outro princípio afirma que todo movimento ocorre ao longo de linhas retas, e que os corpos que se movem em círculos tendem a se mover para fora deles em movimento retilíneo.

Ademais, Descartes propôs que a extensão define a realidade dos objetos físicos. Por "extensão", ele entendia tudo que tem comprimento, largura e profundidade – ou seja, tudo que é tridimensional. Não é possível imaginar qualquer corpo que não seja extenso ou qualquer extensão que não seja corporal. Todas as outras características de um objeto físico, como as suas cores ou cheiros, eram para ele apenas qualidades secundárias à extensão.

Essa ideia era compartilhada pelos inventores da nova física do século XVII. Por exemplo, em seu livro *O ensaiador* (1623), Galileu também sustenta que gostos, odores e cores são qualidades que existem apenas no nosso corpo e que não existiriam sem ele. Matéria é o que ocupa espaço. Ela é uma multiplicidade de objetos sólidos, visíveis, tridimensionais e impenetráveis que são separados pelo espaço. Definida como extensão, ela pôde ser concebida como algo homogêneo. Com isso, foi possível medi-la, quantificá-la e descrevê-la por meio de teoremas geométricos. Da mesma forma, o espaço, considerado a distância entre os objetos físicos, também pôde ser medido e transformado em número.

Descartes não acreditava ser possível a existência de um espaço vazio – pois, sendo extenso, esse espaço também teria que ser um objeto físico. Se o vazio existisse, seria uma região do espaço na qual não haveria nenhuma matéria. E para que essa região por sua vez exista, ela precisa ter extensão, volume e três dimensões – propriedades da matéria. Ou seja, tal região precisa estar preenchida por algo. Não pode ser vazia. Quando uma pedra é removida do lugar onde ela estava, a extensão desse lugar continua existindo, embora o espaço da pedra possa agora ser ocupado por madeira, água, ar ou qualquer outro corpo. Na física de Descartes, o espaço precisa necessariamente ser preenchido por algum tipo de matéria que seja invisível e maleável o suficiente para que os corpos físicos possam atravessá-la.

Descartes chamou essa matéria especial de *plenum*, com isso excluindo a hipótese de que o vazio pudesse existir. A ideia de *plenum*, ou de "matéria sutil", foi duramente criticada por Newton, que acreditava na existência do vazio. Essas críticas fortaleceram a física de Newton em detrimento das ideias de Descartes, que foram esquecidas.

A existência do vazio era, é, e sempre será uma hipótese metafísica. De acordo com a teoria da relatividade, a presença de massa determina a curvatura do espaço e do tempo. A possibilidade de se provar a existência do vazio reside em encontrar no Universo uma região em que essa curvatura seja nula. Então, nenhum dispositivo experimental pode testar a existência do vazio. A introdução de qualquer instrumento para confirmá-la experimentalmente invalida, desde o início, a situação que se deseja testar.

A ideia de que existe um espaço vazio é uma ilusão cognitiva. Ela se origina na realização sensório-motora de liberdade de movimento quando não há obstáculos oferecendo resistência ao nosso corpo. O ar em torno de nós é tênue. Quando não há objetos que implicam resistência ao movimento, forma-se a sensação de uma transparência de espaço. Essa ausência de resistência e essa transparência visual servem de fundamento para a ideia de que a distância que nos separa dos objetos físicos é um espaço vazio. Alguns pensadores do século XVII que discordavam de Descartes identificaram esse espaço com o nada.

No entanto, essa concepção do nada foi derivada do senso comum e é rejeitada pela física contemporânea. Na mecânica quântica, o nada é impossível. "Nada" é só uma palavra sem nenhum correspondente no mundo, um significante sem significado, um zero na matemática. Em suma, o espaço vazio não apenas inexiste, como também não corresponde ao nada – pois nesse espaço sempre haverá campos de energia que podem gerar partículas. Hoje percebemos que Newton se apressou ao criticar Descartes.

A distância (percepção da matéria como um conjunto de objetos sólidos e extensos no espaço) nos separa do mundo. Ela é a gênese cognitiva da ideia de que existe um mundo exterior. Como os nossos olhos não podem fazer parte do nosso próprio campo de visão, temos a impressão de que nós mesmos não fazemos parte do mundo que observamos, que esse mundo é externo a nós. Tudo se passa como se assistíssemos à história do mundo se desenrolar diante dos nossos olhos, numa tela para filmes em 3D. Tornamo-nos o ponto cego do nosso próprio campo visual. Com isso, ficamos desvinculados do mundo como meros observadores passivos e alheios. Esse foi o caminho percorrido por Descartes.

Essa ideia está frequentemente implícita na nossa experiência habitual – que consiste em ver o mundo ao nosso redor, mas sem nos incluirmos nele. Do ponto de vista metafísico, mesmo sendo apenas a *res cogitans* desvelada pelo *cogito*, a substância pensante tem que *estar* no mundo de alguma forma. Mas como isso é possível se a ciência de Descartes exclui do mundo o próprio sujeito que o observa? Como recuperar um lugar para a mente no mundo físico? Por não poder ser extensa nem material, ela não pode pertencer a ele. Dessa forma e novamente, esse mundo permanece para o sujeito um "mundo exterior" do qual ele não participa.

Por meio dessa manobra, Descartes buscava eliminar da ciência as sensações intrinsecamente subjetivas (o ponto de vista individual), como cores, odores e sons, para assim poder representar a matéria e o espaço como quantidades homogêneas. Mas essas sensações têm existência própria ou elas dependem da interação sensorial do sujeito com o mundo? Essa dúvida é o problema dos *qualia*, do qual já falamos no capítulo II.

Com essa manobra, Descartes também buscava propor a ciência como "uma visão de lugar nenhum", baseada exclusivamente na descrição matemática do mundo físico – ou seja, na descrição imparcial em terceira pessoa. É impossível imaginar um lugar sem referências a algo físico. Perguntar por um lugar significa saber as coisas físicas que o rodeiam – trata-se de um reconhecimento indireto.

Essa manobra teve consequências na história da filosofia. Ao criar um mundo exterior, era preciso saber como o sujeito, por meio das suas ideias, poderia representar esse mundo corretamente. Ou seja, era preciso saber como as ideias se ligam aos objetos do mundo. E esse passou a ser o tema das teorias do conhecimento em filosofias que sucederam o cartesianismo.

Na física de Descartes, toda causalidade é "ação por contato": um impulso. Toda mudança física deve ser explicável em termos mecânicos ou como "vórtices" (partes em movimento impulsionando umas às outras). Descartes aceita a ideia defendida no *Timeu* (um dos diálogos de Platão) a respeito de que o Universo é preenchido por um *plenum*, a matéria sutil, e que por isso um corpo extenso só pode se movimentar se empurrar outros corpos. Portanto, o impulso é o princípio da explicação mecânica.

Descartes baseou a sua física nas ideias do inglês William Gilbert (1544-1603), que na época estudava ímãs e fenômenos magnéticos. Um ímã teria ao redor de si um fluxo de matéria sutil, formando um vórtice. O ímã atrai objetos metálicos porque gera uma força que é superior ao fluido que os cerca. Descartes utilizou tal sistema de fluidos do magnetismo para explicar a dinâmica do sistema solar. Os vórtices, sendo turbilhões de matéria sutil, eram elementos essenciais nessa dinâmica.

Assim, o Universo seria composto por turbilhões de um gás rarefeito de átomos. Os astros seriam apenas regiões de maior condensação de matéria. E o sistema solar seria um vasto vórtice de matéria rarefeita, arrastando os planetas. Além do próprio vórtice do sistema solar, também haveria outros, contíguos, preenchendo todo o espaço do Universo. A ideia de um *plenum* de matéria sutil que acoplasse todos os movimentos planetários evitava a noção problemática de "ação à distância". Apenas o contato poderia transmitir movimento. Daí a "ação por contato".

Newton formulou o conceito de "ação à distância" por meio da gravidade. A ideia de espaço vazio também foi fundamental para o desenvolvimento da sua física.

Para ele, "espaço vazio", "vazio" e "nada" eram a mesma coisa. Costumava-se confirmar a ideia newtoniana de espaço vazio pelo experimento do físico e matemático italiano Evangelista Torricelli (1608-1647), que demonstrou ser possível tirar todo o ar de uma garrafa. Hoje sabemos que Torricelli não levou em consideração que dentro de uma garrafa sem ar ainda permanecem várias entidades físicas, como campos elétricos e magnéticos, e partículas quânticas em movimento.

O *plenum* de Descartes não existia para Newton. Se os astros orbitassem no meio de alguma matéria viscosa, a sua velocidade diminuiria e eles cairiam no centro do Universo. Por isso, o espaço vazio – esse espaço "absoluto, verdadeiro e matemático" – é homogêneo em todo o Universo. Ele garante que as leis do movimento de Newton, que preveem a ação à distância (ou seja, a força da gravidade) sejam universalmente válidas – desde a maçã que cai até o movimento das galáxias.

As físicas de Galileu e de Newton eram baseadas na visão e no tato. Nesse paradigma, um objeto físico é sempre algo visível diante de nós (pressuposto compartilhado com a ciência de Descartes). Organizamos o mundo dividindo-o em um contínuo de processos uniformes e estáveis. Para podermos conhecê-lo, nós o decompomos em partes, criando objetos que marcam a descontinuidade do espaço. Criando, também, um espaço vazio povoado de formas descontínuas, que são os objetos físicos. Nosso cérebro busca identificar pontos fixos e estáveis no fluxo de informação que recebe dos órgãos sensoriais para podermos interagir com o que nos cerca.

Em outras palavras, nosso sistema nervoso recorta a percepção arbitrariamente individualizando saliências nesse fluxo. Essas saliências são os objetos físicos demarcados como unidades independentes (sobretudo pela visão). Tal demarcação e tal processo de individuação são apenas uma estratégia cognitiva de dividir o mundo para que assim possamos conhecê-lo e falar dele – pois, se não pudéssemos recortar o mundo em diferentes objetos e designar cada um deles com uma palavra, o mundo seria indescritível para nós.

O pressuposto de que o que existe é contável/enumerável faz parte dessa estratégia cognitiva. Para muitos matemáticos, os números naturais são a forma mais primitiva e intuitiva de se conceber o nosso sistema numérico. Eles são uma "ficção útil" resultante desse processo arbitrário de demarcação do mundo físico.

Outros tipos de número foram inventados a partir deles, incluindo o zero – a representação arbitrária do vazio; o "não-número" que até hoje está na origem de muitos paradoxos matemáticos. Por essa perspectiva de descrição do mundo, os nossos olhos o registram como bidimensional.

Essa estratégia cognitiva é suficiente para propor uma ontologia dualista. As propriedades que se aplicam aos objetos físicos, como a visibilidade, a impenetrabilidade e a solidez, não se aplicam ao que é mental. O mundo é o conjunto de objetos que vemos e a manobra de Descartes de excluir o sujeito do que ele mesmo observa tem um forte apelo intuitivo – um apelo para a ideia de que a descrição objetiva do mundo não deve incluir quem o descreve. Caso contrário, o sujeito poderia enviesar essa descrição científica com sensações ou impressões subjetivas.

Por outro lado, essa estratégia cognitiva não basta para se afirmar que a substância mental é necessariamente imaterial. Se o mental for concebido como ausência de matéria, a mente será o vazio – será inconcebível. Não poderíamos sequer pensar em nós mesmos e o *cogito* nunca poderia ter acontecido. Nesse caso, como seria possível caracterizar o mental na qualidade de uma substância pensante se esta sequer pode fazer parte do mundo? Ou seja, como poderíamos representar a substância pensante? Talvez a melhor candidata para sanar essa dúvida seja a matéria sutil. Mas esta é extensa, o que a mente não pode ser.

O problema que enfrentamos é conceber na filosofia de Descartes uma substância pensante que seja compatível com a sua física. Todas as caracterizações da substância pensante são construídas em oposição à substância extensa. E como já vimos, as propriedades da *res cogitans* são incompatíveis com as propriedades da *res extensa* (a matéria), descrita pela física.

Retomando, a substância mental não poderia ser como o vazio, ou seja, como a negação de todas as propriedades. Relembremos mais uma vez que para Descartes o vazio e o nada eram inconcebíveis. A ontologia dualista não conduz forçosamente à imaterialidade da mente – à ideia de que a mente tem que ser concebida como a negação de todas as propriedades atribuíveis à matéria. Caso contrário, esta seria como o nada. Portanto, a mente tem que *estar* no mundo, tem que fazer parte dele – embora ao mesmo tempo tenha que ser invisível, imponderável e inextensa. Como Descartes acreditava que a mente tem um papel fundamental na produção da ação, ela deve possuir um poder causal *mesmo* sendo inextensa. Mas como algo inextenso, que teoricamente não pode estar no mundo, é capaz de provocar algo nele, interferir? Estamos diante de um quebra-cabeça.

Quem sabe existiriam entidades físicas "híbridas" a meio caminho entre o material e o mental? Sombras, buracos e imagens no espelho desafiam os critérios cartesianos de materialidade. O que se pode ver, mas não tocar. Por exemplo, uma sombra é extensa, dependendo de seres materiais no espaço para poder existir. Mas ela não é divisível. Outrossim, a existência de buracos depende da posição de seres materiais definindo intervalos no espaço. E não há dúvida de que eles são extensos (pois podemos medi-los) e têm poderes causais (podem causar acidentes, por exemplo, podemos cair neles). Mas será que os buracos são entidades físicas, apesar de não terem uma existência própria que se possa tocar ou sentir? A dificuldade reside no fato de equipararmos buracos a algo vazio, à ausência de matéria. Descartes solucionaria tal dificuldade afirmando que os buracos são preenchidos pelo *plenum*.

E os limites entre as superfícies? Há efetivamente limites entre duas superfícies distintas? Ou essa fronteira é apenas fruto de nossa criação mental? No caso do limite entre uma superfície branca e outra negra, por exemplo, os pontos que o constituem têm que ser ou brancos ou negros, não podendo ser ambos ao mesmo tempo. Os limites entre os objetos – o contorno que os separa – são visíveis e podem ser localizadas no espaço, mas será que são seres materiais? Eles são uma idealidade visível, um exemplo de uma entidade híbrida entre o mental e o material.

Bolhas de sabão também parecem violar o critério de materialidade proposto por Descartes – pois são extensas, mas indivisíveis. E o caso da imagem no espelho é ainda mais desafiador. Um espelho não aumenta o seu peso e o seu volume quando comporta uma imagem. O "ser imagético" refletido nele não é propriamente corpóreo, embora seja extenso. Quando um espelho se quebra em vários pedaços, reencontramos em cada um deles uma imagem refletida. E como essa imagem não é despedaçada, ela é indivisível. Podemos afirmar o mesmo das imagens numa tela de televisão, pois elas também são extensas, mas indivisíveis. A diferença em relação ao espelho é que, nesse caso, as imagens permanecem inalteradas mesmo quando nos afastamos ou nos aproximamos da tela.

Descartes não tinha ferramentas conceituais para conceber entre os astros outro tipo de matéria que não fosse a matéria sutil (o *plenum*). Contudo, na física contemporânea existe uma ideia de matéria inextensa. Ela corresponde ao conceito de "informação".

A informação é física, e não uma abstração que, para existir, precisa de emissores e receptores que a interpretem. Um dos fenômenos que a manifesta é o emaranhamento quântico. Trata-se de um dos fenômenos mais estranhos da mecânica quântica, a ponto de Albert Einstein (1879-1955) tê-lo chamado de "fantasmagórico". No emaranhamento quântico, duas coisas permanecem ligadas entre si, correlacionadas. Por exemplo, um par de fótons é emitido por um mesmo átomo. Se eles estiverem *emaranhados*, a polarização deles será idêntica num determinado momento e pelo tempo que durarem. Agora, imagine uma partícula que se decompõe em duas novas partículas, A e B. Quando você mede a direção de *spin* (rotação) da partícula A, essa medida tem um impacto sobre os possíveis resultados que você poderia obter quando medisse o *spin* da partícula B. Tal relação de impacto significa que essas duas partículas estão *emaranhadas*.

Assim, o emaranhamento quântico ocorre quando múltiplas partículas estão ligadas entre si de forma que a medição do estado quântico de uma determina os possíveis estados quânticos das demais. A direção do *spin* varia instantaneamente entre as partículas e essa correlação ocorre sem que exista entre elas uma relação causal ou uma transferência de energia. Segundo Einstein, trata-se do "paradoxo EPR" (ou "Paradoxo de Einstein-Podolsky-Rosen"), o qual confirma a existência de ações fantasmagóricas à distância.

O físico John Bell (1928-1990) foi um dos primeiros a formular a hipótese de que é possível produzir partículas cujo comportamento seja instantaneamente alinhado sem que entre elas ocorra qualquer tipo de transferência de energia. Em outras palavras, nem todas as relações entre objetos físicos seriam causais e, por isso, nem todas precisariam de transmissão de energia. O experimento de Bell foi confirmado empiricamente no início da década de 1980 e, recentemente, na Áustria, um grupo de físicos chefiados por Anton Zeilinger mostrou que esse fenômeno não ocorre apenas no mundo subatômico.

Mas como esse fenômeno é possível sem que exista relação causal ou transferência de energia entre as partículas? O físico David Bohm (1917-1992) sustentava que o emaranhamento quântico ocorre porque o Universo como um todo está emaranhado desde o seu início, com o Big Bang. Haveria uma ordem preestabelecida no Universo, uma ordem herdada do Big Bang. Talvez Bohm esteja certo na sua suposição de que a informação é o tecido cósmico. Isso explicaria por que eventos físicos podem ser interdependentes mesmo que entre eles não ocorra uma relação causal.

No entanto, muitos físicos defendem que o emaranhamento resulta da transmissão de informação. A informação teria que viajar através de algum meio. Mas qual? Também já foi cogitado que a velocidade da transmissão dessa informação é transluminal (ou seja, superior à velocidade da luz) pois as mudanças ocorrem simultaneamente. Isso estaria em contradição com a teoria da relatividade, que prevê a velocidade da luz como um limite insuperável.

Pessoalmente, não acredito que essas mudanças possam ser simultâneas ou ocorrer numa velocidade mais rápida do que a da luz. De acordo com a teoria da relatividade, não existem fenômenos simultâneos, e por isso uma mudança de *spin* não pode ocorrer simultaneamente em duas partículas – portanto descartando a possibilidade de uma velocidade infinita ou transluminal existir. Na verdade, acredito que no emaranhamento há uma diferença de tempo e de transmissão de energia, mas uma diferença tão diminuta que é indetectável.

O experimento de Bell mostra que a relação causal é insuficiente para explicar esse fenômeno. Há um componente informacional nessa relação, pois os seus efeitos são sempre muito específicos – isto é, a mudança no *spin* das partículas não ocorre aleatoriamente. Uma relação causal seria suficiente para explicar as mudanças que uma partícula produz sobre a outra, mas não poderia especificamente determinar a inversão coordenada de *spin* entre elas. Tudo se passa como se uma partícula emitisse uma "ordem" para a outra inverter o *spin*. Essa ordem é a informação. A relação informacional pode se sobrepor à relação causal, ou ocorrer sem a necessidade de um meio físico que funcione como transmissor.

Como entidade física, a informação é invisível e imponderável. Ela pode ser gravada e transmitida por diferentes tipos de matéria. Quando leio um texto, os meus olhos não percebem marcas escuras gravadas sobre o papel branco. Na verdade, enxergo diferentes letras e, ao enxergá-las, pouco importa a dimensão, a cor, ou a posição delas. Quando passo a percebê-las e a uni-las, começo a lê-las – isto é, passo a transformá-las em informação. As letras são visíveis. A informação não. Esta tampouco tem peso. Pesar a informação seria tão insensato quanto tentar pesar a eletricidade que passa por um fio. Só temos acesso às manifestações da eletricidade, como acender ou apagar uma lâmpada. Mas, mesmo não sendo visível, ninguém diria que a eletricidade não é algo físico.

O mesmo vale para a informação. Por exemplo, o HD (*Hard Disk*) de um computador em que esteja gravada a Nona Sinfonia de Beethoven não sofrerá nenhuma alteração de massa (ou seja, nenhuma alteração do ponto de vista físico) se substituirmos essa música pela "Sinfonia Inacabada" de Schubert. Agora, imagine que o rádio do seu carro está ligado e que uma estação está transmitindo a "Sinfonia Inacabada" de Schubert. A física pode explicar como a música é transmitida por ondas eletromagnéticas e pode explicar os mecanismos do rádio que permitem reproduzi-la. Mas a física não serve para explicar a *natureza* da "Sinfonia Inacabada". A música instrumental é uma modalidade específica de informação. É uma modalidade que não pode ser deduzida pelas leis físicas e que pode ser transmitida por vários meios (como um rádio, um CD, ou um disco de vinil). A informação se sobrepõe ao meio físico que serve para transmiti-la. E, embora não tenha massa nem peso, ela faz parte do mundo físico e pode ser medida.

A teoria matemática da informação foi desenvolvida no século passado pelo engenheiro Claude Shannon (1916-2001). Ele estava preocupado com a medição da informação que podia ser transmitida por meio de dispositivos físicos e curioso com as suas aplicações práticas na telefonia. Shannon desenvolveu um método para medir a informação em termos de *bits*, ou seja, unidades de 0 e 1. Mas isso não quer dizer que a informação era algo extenso como um objeto físico.

Não aprofundamos os aspectos técnicos envolvidos na noção de informação para aplicá-la a uma reinterpretação do cartesianismo. Para os nossos propósitos, basta sabermos que a noção de informação se baseia em dois componentes: dados e significado. Um dado é uma diferença. Imagine duas folhas de papel em branco. Uma delas não transmite nenhum dado para a outra. Porém, se em uma delas estiver marcado o símbolo "A", esse símbolo pode ser transmitido, e a folha se torna o meio para isso. A *diferença* entre uma folha em branco e uma folha com esse símbolo (ou seja, a falta de uniformidade) é o que caracteriza um dado. Para que os dados possam compor e ser uma informação, é preciso que eles sejam estruturados por meio das regras de um código ou de uma linguagem.

O segundo componente da informação – o significado ou sentido – é mais desafiador. O problema reside em como atribuir significado a sistemas semióticos, a exemplo da nossa linguagem. O significado está espalhado pelo meio ambiente e não depende de nenhum intérprete para existir. Se marcas na areia da praia nos permitem deduzir a altura da maré, o significado dessas marcas não depende da nossa interpretação. Em outras palavras, a relação entre esses dois tipos de dados (as marcas na praia e a altura da maré) é intrinsecamente significativa, constituindo uma informação que, para existir, não precisa de uma mente humana que a conceba.

Outro exemplo, fornecido pelo filósofo italiano Luciano Floridi, é a Pedra de Roseta, cuja descoberta permitiu a decifração dos hieróglifos egípcios. Nessa pedra, há um texto escrito em forma hieroglífica e outro em grego arcaico. Decifrar os hieróglifos a partir do grego em nada alterou o significado do que já estava há centenas de anos entalhado na pedra. Ou seja, o significado desses textos estava presente independentemente da existência dos intérpretes que descobriram uma interface entre eles, e que assim tornaram esse significado acessível para nós. É nesse sentido que podemos afirmar que o significado de um dado não depende da nossa interpretação.

Considero que o mais importante, por hora, é nos concentrarmos na ideia de que a informação é uma entidade sobreposta a um meio físico variável, por meio do qual ela pode ser transmitida. Ela também é algo físico e, por isso, não está apenas nos olhos de quem vê, do observador. Tampouco só nos ouvidos de quem gosta de ouvir Schubert.

No entanto, essa concepção contradiz uma visão corrente que considera a informação uma entidade matemática abstrata. Trata-se de uma visão equivocada. Se a informação realmente fosse uma entidade abstrata, não seria possível destruí-la. Quando formato um CD, por exemplo, a informação contida nele se perde, embora o meio pelo qual ela é transmitida continue existindo. Para dar outro exemplo, a informação se perde quando apagamos com uma borracha o que escrevemos a lápis num papel. Assim como a matéria e a energia, o meio físico que serve de suporte à informação (o papel) se mantém indestrutível, apenas tomando outra forma, mas a informação em si (o que estava escrito) é destruída, não podendo mais ser recuperada. Creio que esse é o aspecto distintivo dela, ou seja, aquilo que a distingue de outros tipos de matéria: a possibilidade de a informação ser destruída.

Imagine agora a informação expressa pelo nome "João Teixeira". Podemos identificar todos os indivíduos que têm esse nome se fizermos uma busca num arquivo da polícia. O nome existe independentemente do conjunto desses indivíduos. Mas, se em algum momento todos eles e todos os seus registros desaparecerem, o nome "João Teixeira" também desaparecerá, porque todos os meios que o transmitiam não existem mais. A informação desaparece com o meio físico que a transmite.

Isso nos mostra, pelo menos preliminarmente, que a informação sempre precisa de um meio para ser transmitida, embora não possa ser reduzida a esse meio. Os meios mais plásticos certamente podem transmitir mais informação, pois tornam a sua transmissão mais rápida. Escrever em pedras demorava. Escrever em papel é mais rápido. Escrever pelo teclado de um computador, muito mais rápido. E o sistema nervoso dos seres vivos é um grande transmissor natural de informação. Os seres humanos têm um aparelho fonador que pode transmiti-la por meio de sons de forma muito imediata. Essa foi a grande vantagem evolucionária: a de termos nos tornado mamíferos falantes.

No entanto, como veremos a seguir, nem sempre a informação precisa de um meio para ser transmitida. Isso tem consequências metafísicas importantes para repensarmos o dualismo de substâncias.

***

A interação entre a mente imaterial e um corpo físico era um dos principais problemas para a metafísica de Descartes. Como afirmado anteriormente, esse é o problema da causação mental, presente até hoje na filosofia da mente. Afirmar que estados mentais são estados cerebrais e que por isso essa relação seria causal (como qualquer outra no mundo físico) significaria banalizar o problema. A questão é saber como o mental pode interferir no físico e vice-versa. Em outras palavras, como podemos admitir a existência do mental, algo com propriedades assimétricas incompatíveis com os objetos físicos, e ao mesmo tempo atribuir-lhe poderes causais?

Se estados mentais não tivessem massa nem energia, como poderiam afetar o corpo? Se a mente agisse sobre o corpo, os movimentos deste não poderiam ser inteiramente descritos pelas leis da física. Ou seja, seria necessário postular a existência de um fator inefável que influenciasse a nossa ação. O problema é que isso seria o mesmo que afirmar que os movimentos do corpo violam as leis da física, uma vez que é impossível medir a força desse fator inefável e, portanto, encaixá-lo numa explicação científica. Descartes percebeu essa dificuldade e afirmou que a influência da mente sobre o corpo determina apenas a *direção* para onde este se desloca. Isso não é pouca coisa. Significa, a cada momento, decidir o que deve ser feito em seguida.

A quantidade total de energia e de movimento em qualquer *direção* é uma quantidade constante. Esse é o conceito de fechamento causal do mundo. A expressão "fechamento causal" significa que um evento físico tem que ser precedido por outro. Caso contrário, violaria um princípio fundamental da física: o da conservação de energia (do qual decorre a conservação de movimento). Quanto à energia, nada pode ser criado ou destruído. A única exceção importante é a informação (como vimos, ela pode muito bem ser criada ou destruída).

O fechamento causal do mundo implica que não podemos acrescentar energia no Universo. Como a quantidade de energia neste é constante, quando um evento físico causa outro, não pode haver a intervenção de um evento mental nesse processo – pois isso significaria um acréscimo de energia. Se a minha decisão de me levantar e abrir a janela for causada por um estado mental, então é necessário um aumento da energia que passa pelo meu corpo. Como podemos sustentar o princípio de que a quantidade de energia e de movimento é constante se a toda hora as nossas mentes estão justamente contribuindo para o aumento dessa quantidade?

Além disso, como podemos interpretar a ciência cartesiana para solucionar o problema da conexão entre mente e corpo sem rompermos com o princípio do fechamento causal do Universo? Pois Descartes acreditava no fechamento causal, ou seja, acreditava que a quantidade de movimento é conservada na totalidade do Universo. Nos *Princípios da filosofia*, ele declara que "Deus, em sua onipotência, criou a matéria ao mesmo tempo que o movimento e o repouso de suas partes, e graças à sua cotidiana influência, Ele mantém tanta quantidade de movimento no Universo hoje quanto Ele colocou quando o criou".[1]

Explorando outra relação de Descartes com a ciência, a explicação cartesiana para o funcionamento do corpo humano segue as ideias mecanicistas. Descartes nunca chegou a afirmar que o corpo humano é uma máquina, mas utilizou essa analogia para explicar várias funções corporais. Ele era fascinado pelas máquinas hidráulicas que decoravam os jardins das mansões da nobreza. Os movimentos corporais dos seres vivos precisavam ser explicados pela mecânica, uma vez que a biologia ainda não existia nessa época – o termo "biologia" só apareceu pela primeira vez em 1766, como título de uma obra do meteorologista, matemático e historiador alemão Michael Christopher Hanovius (1695-1773).

É possível traçar paralelos entre a fisiologia de Descartes e a fisiologia atual. O "movimento" pode ser interpretado como a passagem de atividade elétrica pelos nervos. Os "espíritos animais" (partículas diminutas de matéria sutil) podem ser interpretados como neurotransmissores. Descartes sustentava a existência de uma correspondência biunívoca entre a percepção/sensação e os estados do cérebro/experiências da alma.

Em sua descrição fisiológica do corpo, além de entidades físicas, Descartes acrescentou músculos, nervos e estímulos externos e internos. No dispositivo hidráulico corporal, todas as partes estariam ligadas por tubos ocos (artérias e veias) comunicando os membros ao cérebro. Quando o corpo recebesse um estímulo, os espíritos animais seriam transmitidos por meio desses tubos até chegarem ao cérebro (rota ascendente). Este então os redistribuiria de volta acionando outros tubos para fazer os membros se moverem (rota descendente). Tal estrutura de corpo-máquina era apresentada como um feixe de fios que partiam da periferia e se reuniam no cérebro.

Mas como ocorre a comunicação entre mente e corpo nesse modelo fisiológico cartesiano? Para entender isso, é preciso uma explicação que articule os espíritos animais, a glândula pineal e o cérebro com como eles podem influenciar uma mente separada do corpo. Como vimos no capítulo anterior, do ponto de vista da

---

1 Ver DESCARTES, R; ALQUIÉ, F. (ed.). *Oeuvres Philosophiques de Descartes*. Paris: Garnier Frères, tomo III, 1963, p. 183.

mente, um estímulo em qualquer ponto da inervação é suficiente para provocar um evento mental – pois o que é infinitamente divisível sempre pode encontrar uma correspondência com o que é indivisível. Mas, separada do corpo, não há como a mente saber a procedência dos espíritos animais, ou seja, não tem como ela determinar se um estímulo, por exemplo, vem de um ponto da inervação entre os pés e o cérebro ou entre as mãos e o cérebro. Os espíritos animais que percorrem o caminho entre o estímulo e o cérebro são os mesmos, mas, só dispondo deles como dado, não há como saber se eles vêm dos pés ou das mãos.

Tudo se passa como se estivéssemos na central de controle de um robô gigante. Nessa central, não há portas nem janelas. Há um teclado, mas nenhuma tabela que correlacione as teclas com os movimentos do robô. Então, como fazer esse robô atravessar são e salvo um ambiente hostil? Em outras palavras, como uma mente separada do corpo poderia detectar a origem do estímulo, saber de qual parte do corpo ele se origina?

Para Descartes, a glândula pineal é o local no qual a alma recebe as sensações provenientes do corpo – por exemplo, estímulos vindos dos olhos. Esses estímulos, ou espíritos animais, fazem com que a glândula pineal se movimente. Esta se inclina para um lado e para o outro, de modo que os espíritos animais se desloquem de um lado para o outro do cérebro até encontrarem poros no tecido cerebral – que assim são inflados de forma a produzirem movimentos específicos no corpo. Essa é a rota ascendente. Logo que ela termina, a rota descendente já pode se iniciar na glândula pineal, determinando como resposta um outro movimento corporal. Conflitos entre corpo e mente ocorrem quando a alma tenta mover a glândula numa direção e os espíritos animais a empurram para outra.

O papel da glândula pineal era selecionar os canais nervosos do corpo que deviam se mover em resposta aos estímulos. Ou seja, era ela que redistribuía os estímulos vindos do corpo, de forma que as respostas corporais fossem adequadas. Fazendo uma analogia, a glândula pineal funcionava como uma espécie de decodificador.

Esse modelo também servia para explicar o comportamento reflexo, uma das grandes descobertas de Descartes. Nesse caso, sem passar pela mente, a inervação do corpo podia estimular automaticamente os canais nervosos que deviam ser movidos.

Mas como a glândula pineal poderia saber a resposta para comportamentos mais complexos – ou seja, saber quais caminhos nervosos devem ser seguidos pelos espíritos animais, de forma que eles estimulem o movimento de dadas partes do corpo? A glândula pineal é a interface entre mente e corpo, mas já que mente e corpo são separados, não há como a mente ajudar nessa escolha. Da mesma forma que não sei o que se passa no meu fígado neste momento, a mente desconhece esses caminhos – desconhece a inervação que vai do cérebro ao corpo e, consequentemente, o caminho em que o estímulo deve ser reenviado.

No entanto, é preciso que de alguma forma os espíritos animais sejam capazes de orientar a direção dos movimentos do corpo, em que momento eles devem acontecer, e em qual velocidade. A glândula pineal identifica a procedência de um estímulo inclinando-se de um lado para o outro no processo de comunicação com o cérebro. Nesse sentido, ela pode trazer para este dados sobre o seu entorno. A mente interpreta esses dados e produz uma resposta, ou seja, um determinado comportamento.

Tudo fica mais claro quando invertemos o caminho das nossas perguntas. Em vez de questionarmos como os espíritos animais influenciam a mente, façamos o oposto: perguntemos como os estados mentais podem causar os movimentos do corpo. Intenções e desejos (estados mentais supostamente imateriais) participam das nossas ações. Mas não podem ser as *causas* delas, como exigiria um modelo estritamente mecânico da relação entre mente e comportamento. Caso contrário, seríamos jogados de volta à pergunta inicial – ou seja, teríamos que explicar como algo imaterial pode influir sobre o mundo físico. No modelo mecânico, os estados mentais não podem participar de nenhum nexo espaço-temporal ou exercer causalidade sobre algo. Tampouco podem ser causalmente influenciados por algum tipo de evento físico vindo do corpo. Assim, nesse modelo, a causação mental é um problema insolúvel, pois mente e corpo (ou cérebro) permanecem rigorosamente estanques.

Mas o que aconteceria se introduzíssemos o conceito de informação na fisiologia cartesiana? A informação é uma entidade física inextensa que não tem massa. Porém, ela tem poder causal. A sua transmissão (que frequentemente acompanha as relações causais) não afetaria o fechamento causal do mundo, pois não envolve acréscimo de energia. Embora não possamos afirmar categoricamente quais estados mentais são informação, o fato de ela ter muitas características semelhantes ao mental torna esse modelo mais adequado para representar a conexão entre mente e corpo.

Antes de tudo, vale relevar que dados não são informação. Um exemplo é a seguinte sequência aleatória de números: 100, 212, 0, 32. Por si só, essa sequência não significa nada. Porém, uma vez associada às temperaturas de ebulição e de congelamento da água nas escalas Celsius e Fahrenheit, ela passa a ser *informação*. Assim, a informação é a integração de dados, uma síntese associativa que não pode ser reduzida àquilo que a originou.

Na geração de uma informação, muitas vezes ocorre a percepção de um significado. A transformação de informação em significado é um evento mental que frequentemente ativa um comportamento/uma rota descendente – o que, na fisiologia cartesiana, corresponde ao envio de espíritos animais que carregam consigo uma orientação sobre a direção, o momento e a velocidade que o comportamento deve seguir, como já vimos. Na medida em que a mente sintetiza a informação a partir dos dados que recebe, e assim produz significados, ela *ocorre* no cérebro. Porém, ela não é o cérebro.

A integração de uma informação organiza a percepção, criando uma alucinação verídica dos objetos físicos fora de nós e dotando-os de uma terceira dimensão, construída pelo cérebro. O neurocientista Karl Pribram (1919-2015) chamou esse fenômeno de "percepção holográfica". A terceira dimensão (ou seja, o senso de profundidade) parece ter sido desenvolvida no ser humano ao longo da evolução para determinar a distância de ameaças no ambiente, sobretudo de possíveis predadores.

Muitos neurocientistas pesquisam como o processo de integração da informação ocorre no cérebro. Porém, acredito que não é só o cérebro que participa desse processo. A autolocomoção, ou seja, a capacidade de mover o corpo em todas as direções de forma autônoma, também parece ter um papel fundamental na integração da informação. Quando olhamos para a frente de uma casa, temos uma percepção diferente de quando a olhamos pelos fundos. Contudo, temos a capacidade de integrar essas duas percepções completamente diferentes na medida em que elas se tornam a percepção de um mesmo objeto. Como podemos saber que as duas percepções realmente são da mesma casa e formam um mesmo objeto?

A autolocomoção é uma candidata para explicar esse fenômeno, provavelmente ancestral, mas repetido em todo desenvolvimento infantil.

Descartes considerava que a influência da mente determina apenas a *direção* para onde o corpo se desloca. Penso que esse é o papel da informação. Por vezes, é um papel complementar. Mas há ocasiões em que é fundamental, como no caso de uma bailarina seguindo a coreografia determinada pela música que ela ouve – exemplo ilustrado pelo físico David Bohm. A coreografia da bailarina depende da informação e não apenas da relação causal entre ela e a música.

Nem sempre a informação determina diretamente o comportamento. Mas ela sempre influencia a *escolha* de uma rotina ou de um pacote de ações, por sua vez pertencente a um amplo repertório estocado no cérebro. Neste, as ações estão organizadas em hierarquias complexas com vários níveis de abstração. Essas hierarquias são transmitidas para outras gerações pela linguagem e pelas práticas. Tudo se passa como se tivéssemos nas nossas cabeças uma biblioteca de ações que sabemos como executar.

O fator causal que deflagra o comportamento é o meio pelo qual a informação (no caso, os estímulos nervosos/espíritos animais) trafega. A informação determina o caminho que a ação deve seguir, sem dessa forma romper com o fechamento causal do mundo ou com o princípio da conservação da energia. Uma escolha seleciona as partes do cérebro que, quando ativadas, por sua vez selecionam os canais que movem o corpo na direção adequada. Assim, a informação atua não apenas sobre o cérebro como também sobre a distribuição ou redistribuição dos caminhos corporais que determinam uma resposta.

Os pacotes de ações são apenas uma presciência ou uma representação parcial dos comportamentos a serem executados. Normalmente, a ativação desses pacotes envolve um número imenso de conexões cerebrais – das quais nós não temos nenhuma noção, porque não participam dos estados mentais que correspondem às intenções e aos desejos. A realização de uma intenção ou de um desejo pode ser alterada ou interrompida no meio do percurso que vai dela até o seu comportamento resultante. Mesmo assim, grande parte desse percurso também não é conhecido pelo agente que o contém – ou seja, não é conhecido pela sua mente, uma vez que ela está separada do corpo. Por isso, nós não conseguimos estabelecer leis que descrevam a ocorrência de comportamentos de forma regular. A ação humana é tão anômala quanto a mente.

A informação não desencadeia de forma determinista a execução de um pacote de ações. As opções que acompanham a informação permanecem abertas. Por isso, o cartesianismo pôde conciliar o mecanicismo com o livre-arbítrio. A música de Schubert, por exemplo, pode agradar ou desagradar. Uma pessoa atrasada para um compromisso pode causar irritação em quem a espera, ou o atraso pode simplesmente ser ignorado. Em suma, a decisão subjetiva (a escolha do pacote de ações a ser ativado) não é predeterminada.

Como contraponto, as respostas/reações de animais são imediatas e instintivas. Já nos seres humanos, à exceção dos comportamentos reflexos, nem sempre é assim. A demora numa resposta, apontando à imprevisibilidade do comportamento, é um indício da interferência de informações geradas pela mente. A imprevisibilidade é frequentemente associada à manifestação de uma ação livre, resultante de uma escolha guiada por um significado subjetivo, individual. *A priori*, não podemos saber por que uma pessoa reage mal a um atraso ou à música de Schubert enquanto que outra não. Em outras palavras, não sabemos o que uma mesma informação significa para pessoas diferentes, levando-as à escolha de um determinado comportamento e não de outro. Ou simplesmente levando-as a se abster de agir.

Essa *interferência* da informação sobre a ação é o caminho para resolvermos o problema da causação mental. A intervenção significa uma escolha – uma decisão sobre a continuidade ou não de uma ação cujo pacote já foi ativado no corpo. Se a ação continuar, é preciso saber qual direção ela vai tomar, o que também significa uma decisão – pois, como acabamos de ver, a direção significa saber o que fazer e o que não fazer em seguida.

Nem todas as escolhas de pacotes de ações são conscientes. Na década de 1980, o neurocientista estadunidense Benjamin Libet (1916-2007) descobriu que mudanças detectadas no cérebro ocorrem 350 milissegundos antes da intenção de se executar uma determinada ação. Em outras palavras, o cérebro é ativado antes da intenção consciente de agir. Creio que esse intervalo é precisamente o momento no qual a informação efetua a escolha de uma rotina. Esta logo é representada na forma de intenções e desejos que nos inclinam a considerá-los como causas da ação que ocorre em seguida. Por esse atraso na cognição da intenção e por essa possibilidade de se detectar a sua representação neural antes mesmo de ela se apresentar como um estado mental, muitos interpretam que a intenção é uma decisão subjetiva. Mas, na verdade, ela só não é uma decisão subjetiva *consciente*.

Da mesma forma que o mental não pode ser reduzido ao físico, a informação não pode ser reduzida ao meio que a transporta (como já apontamos). A boa notícia é que esse modelo abre uma porta para tornar inteligível o problema da causação mental e o dualismo de substâncias proposto por Descartes.

A descrição mecânica do corpo pode explicar como ele funciona fisicamente, mas ela é incompleta, só se aplicando aos animais. Nos seres humanos, os estímulos nervosos transmitem informações para o corpo, o que o distingue para além de uma descrição fisiológica.

Somos grandes produtores e consumidores de informação. A nossa linguagem atua como o vasto sistema que a transmite. As palavras são a informação. Os sons são o meio pelo qual ela é transmitida. O que altera o nosso comportamento não é o som (o meio), mas sim a palavra (a informação) que depende dele para se tornar acessível. Isso também vale para os demais estímulos que recebemos: quando transmitidos pelo cérebro para outras partes do corpo, os estímulos (espíritos animais) podem inclinar uma ação em uma direção ou em outra, dependendo da informação que carregam.

Essa perspectiva sobre a ação sedimenta o debate a respeito do problema das causas e das razões. Animais e máquinas agem por causas: motivações imediatas e instintivas. Seres humanos agem por razões: justificativas racionais, sem as quais não seríamos seres humanos. O problema é que razões não podem simultaneamente ser causas. A noção de informação contribui para solucionar esse problema, pois ela é dual: a informação é uma *mensagem* que pode ser transportada por um *meio* físico. É possível que a mensagem desempenhe o papel da razão e ao mesmo tempo aponte algum meio como sua causa. Dessa forma, temos uma ação que resulta de uma causa, sendo possibilitada e acessível por *meio* dela, mas cuja direção é determinada por uma informação – no caso, uma *mensagem*, uma razão ou justificativa racional.

Um modelo que ilustra como isso ocorre é o "Gato de Schrödinger". Preso numa caixa, ele não está vivo nem morto até que uma observação (medida) ocorra e defina isso: o próprio ato de abrir a caixa altera o que se descobre nela. Em paralelo, a informação decide se uma ação ocorrerá ou não ao definir se estímulos internos outrossim devem ou não ocorrer. Nesse caso, a informação funciona como um gatilho, decidindo se a ação acontecerá (causa) e, se sim, em qual direção (razão).

Esse também é o caso de quando uma pessoa ouve determinada palavra: o significado de certas palavras pode alterar as emoções do ouvinte, mas, uma vez que elas são transmitidas como informação, não há rompimento com a ideia de fechamento causal do mundo, tampouco conflito com o modelo informacional. Mais especificamente, as palavras transmitem informação, e, junto a esta, o significado do que é dito, decodificado por quem as escuta. Se a informação é uma variedade especial de matéria sutil, o significado linguístico pode ser algo ainda mais sutil.

É provável que essa tenha sido a intuição de Freud. Séculos depois de Descartes, ele percebeu o poder das palavras para determinar o comportamento e interferir nele. Ao comentar a respeito da terapia pela fala, ele descreveu as palavras como importantes mediadoras da influência que uma pessoa pode ter sobre a outra, afirmando que a magia delas pode afastar manifestações de doença. Freud se referia ao "poder físico" das palavras: palavras que, como sons pairando no ar, transmitem informação.

Com a primeira descrição apurada do sistema circulatório, realizada por William Harvey (1578-1657), a ideia de espíritos animais foi abandonada. Um século depois de Descartes morrer, a ciência específica dos seres vivos, a biologia, começou a dar os seus primeiros passos. Mas isso não significa que o modelo fisiológico de Descartes deve ser considerado apenas uma curiosidade histórica, pois continua tendo um papel importante no seu sistema filosófico.

Mais que isso, resgatar a fisiologia cartesiana por meio da teoria da informação significa mostrar que o dualismo de substâncias não é uma teoria obsoleta. Ela tampouco leva a um problema metafísico intratável. A ideia de informação atende os quesitos da substância mental postulada por Descartes: a informação é inextensa, não tem peso nem massa, mas tem poder causal, como já vimos. Em paralelo, a eletricidade também tem algumas dessas características, como não ter peso nem extensão, mas ninguém negaria que ela é uma entidade física com poder causal.

A informação pode existir independentemente do material em que ela for implementada. Como observou Norbert Wiener (1894-1964), o pai fundador da cibernética, "informação é informação, não é matéria nem energia".[2] Em outras palavras, a informação constitui uma entidade específica que não pode ser reduzida a nenhuma outra.

Há dúvidas quanto à possibilidade de existir informação sem um meio físico, ou seja, informação que pode não ser *fisicamente* causal – o que se encaixaria perfeitamente no dualismo de substâncias cartesiano. Por exemplo, quando gritamos para uma pessoa fugir de uma situação perigosa, é a informação de que algo está errado que faz essa pessoa fugir. A informação prevalece sobre o som. Isto é, a informação *transborda* o meio físico na qual ela viaja.

Essa ideia não é aceita de forma unânime pela comunidade científica. Mas não sabemos se isso significa apenas que a informação é *separável* do meio físico que a transmite, sem no entanto ser *separada* dele. Como vimos, o experimento de John Bell sugere essa possibilidade e, atualmente, Luciano Floridi tem sido um de seus defensores mais entusiasmados.

Seguindo o modelo proposto por David Chalmers, com o qual simpatizo, o dualismo cartesiano também pode ser interpretado como um dualismo naturalista – de acordo com o qual podemos, por sua vez, entender o cartesianismo como um dualismo de materialidades distintas. Nele, a informação requer uma implementação num meio físico ou material. No entanto, a matéria pode se manifestar de forma plural. Há várias formas de matéria. Nesse caso, o mental seria uma entidade física semelhante a alguma forma especial de matéria, ainda não detectada pela física. E, como vimos, a matéria sutil cartesiana (o *plenum*) pode ser tal forma especial, servindo também de meio físico para a transmissão de informações.

No dualismo naturalista, o mental e o físico são polos representados pelas propriedades distintivas, mas não incompatíveis, desses dois tipos de matéria. Assim, Descartes pode ser interpretado tanto como um dualista de substâncias quanto como um dualista naturalista. São tipos diferentes de dualismo que, no entanto, permanecem compatíveis entre si. O ponto comum entre eles é a irredutibilidade da informação à matéria ou à energia. E os defensores de ambos

2 Ver WIENER, N. *Cybernetics or on control and communication in the animal and the machine*. Cambridge: The MIT Press, 1961, p. 204.

concordam com a ideia de que a informação não rompe com o fechamento causal do Universo, pois ela não altera a quantidade de energia que existe neste.

Ao adotarmos essa perspectiva, indicamos que não há monismo na interpretação do pensamento cartesiano proposta aqui. Mas tampouco há uma ruptura com a visão científica do mundo. Em outras palavras, o dualismo não é incompatível com a ciência – tese que a maioria dos cientistas contemporâneos reluta em aceitar. Formulada há quase quatro séculos, essa tese foi uma das grandes descobertas de Descartes. Ela foi a descoberta que serviu de eixo para a revolução científica do século XVII, e que atualmente serve para fundamentar a dualidade *software-hardware* na inteligência artificial. Já o monismo naturalista, defendido pelos neurobiólogos, nunca permitiria replicar ou imitar atividades mentais humanas.

***

O dualismo de substâncias é inaceitável para a maioria dos neurocientistas. Eles se declaram materialistas e defendem que existe uma única substância no Universo: a matéria. A mente seria então apenas uma manifestação da atividade biológica do cérebro.

O materialismo se tornou uma espécie de "ideologia espontânea" dos cientistas, como uma forma de assegurar que a ciência se mantivesse impermeável a hipóteses metafísicas. Isso significa varrer para fora a especulação e, com ela, proposições que não podem ser, direta ou indiretamente, comprováveis pela observação e pela experimentação. A materialidade era concebida como o acesso direto à percepção.

Paradoxalmente, as grandes exceções do materialismo vieram de neurocientistas brilhantes, como Wilder Penfield (1891-1976) e John Eccles (1903-1997). Alguns físicos e filósofos também defenderam explicitamente o dualismo, como Robert Oppenheimer (1904-1967) e Karl Popper (1902-1994). Eles não eram dualistas anticientíficos. Pelo contrário: foi a ciência que os levou a aceitar o dualismo.

Penfield relatou que os pacientes que moviam braços ou pernas quando o córtex cerebral era estimulado não consideravam que esses movimentos ocorressem por iniciativa própria, mas sim os atribuíam ao cirurgião que tocava nos seus cérebros. Ele procurou a região do córtex que, ao ser estimulada por eletrodos, provocasse no paciente a sensação de se estar fazendo algo voluntariamente – ou seja, a sensação de estar tomando uma decisão. Penfield nunca foi capaz de encontrar tal região. Em outras palavras, não havia uma representação neural de uma das mais importantes faculdades da nossa mente: a capacidade de fazer escolhas. E, por isso, a neurociência era incompleta.

Popper e Eccles foram os autores de um livro clássico, publicado em 1977: *The Self and Its Brain* ("O eu e seu cérebro"). Eles acreditavam na existência de um mundo imaterial que interage com o nosso cérebro. O *mundo-1* corresponde ao cérebro. O *mundo-2* corresponde à consciência subjetiva. E o *mundo-3* corresponde ao conjunto das relações lógicas entre as proposições que compõem a ciência, as partituras musicais, e outros produtos da sociedade humana. Essas relações lógicas existiriam independentemente de serem pensadas por algum cérebro humano, e subsistiriam mesmo se a nossa espécie fosse extinta.

Eccles defendia que o córtex do cérebro humano tem a capacidade de acessar esse mundo imaterial, o *psychon*, que abriga as proposições da lógica, da matemática e da ciência. O valor de verdade dessas proposições (isto é, se elas podem ser consideradas verdadeiras ou falsas) não pode depender de eventos cerebrais contingentes. O significado delas transcende o fato de ocorrerem em cérebros individuais. Essa foi uma das razões que levaram Eccles a criticar a teoria da identidade mente-cérebro e a propor um dualismo interacionista. A *interação* entre corpo e mente pode ser representada pela metáfora de um aparelho de rádio que recebe e transmite informação.

A dificuldade para construir uma ciência da mente continua sendo o problema da sua conexão com o cérebro. Não sabermos onde acaba a fisiologia e onde começa a psicologia. Não há como conectar os estados subjetivos que estão ocorrendo na minha mente neste exato momento com o que se passa no meu cérebro. Só posso estabelecer essa conexão por meio do imageamento cerebral (a neuroimagiologia), que se aperfeiçoou muito nas últimas décadas. Hoje em dia, é possível correlacionar quase simultaneamente estados mentais com eventos no cérebro e assim saber em qual área do tecido cerebral esses estados ocorrem.

Essa correlação só pode ocorrer se a ressonância magnética do cérebro for concomitante à realização de alguma tarefa mental, como somar ou subtrair números inteiros. Em outras palavras, sem a contribuição subjetiva, o imageamento cerebral não seria possível. Mas ainda não há uma disciplina científica que estabeleça um caminho inteligível entre a atividade dos neurônios e a experiência subjetiva. Com isso, o problema da correlação psicofísica não foi resolvido. Tampouco sabemos se as neuroimagens são resultado da atividade de um cérebro ou da atividade de uma mente *examinando* um cérebro.

A psicologia enfrenta essa dificuldade até hoje. Como elaborar uma ciência que aborde a subjetividade usando o método científico? Como determinar se o objeto da psicologia é a mente, o cérebro ou o comportamento? Esse dilema – de se a psicologia deve se restringir a estudar o que é observável ou se aventurar na pesquisa da subjetividade – se arrasta desde a fundação oficial dela, no fim do século XIX. No início do século XX, o psicólogo J. B. Watson, já mencionado no capítulo I, tentou fundar uma psicologia que prescindisse das ideias de mente e de consciência, uma vez que elas não poderiam ser estudadas por meio do método científico. Para ele, o objeto da psicologia era o comportamento, e por isso a sua teoria foi chamada de *behaviorismo*.

Por vezes, a história da ciência segue caminhos paradoxais, como o fato de que o descobridor do comportamento reflexo (que serviu de ponto de partida para o movimento *behaviorista*) também ter sido o inventor dos conceitos de *cogito* e de subjetividade na filosofia: Descartes. Embora pareça estranho, ele concordaria com Watson em excluir a mente e a consciência do domínio da ciência. Para Descartes, essa exclusão demarcava o limite de seu mecanicismo, a impossibilidade de a consciência ser um objeto de estudo da ciência. No limite, ele excluía a mente da psicologia.

Um dos mais importantes sucessores de Watson, o psicólogo estadunidense B. F. Skinner (também mencionado no capítulo I), não negava a existência da mente. Contudo, ele negava que estados mentais pudessem ter influência causal sobre os nossos comportamentos, e afirmava que essa ideia seria uma ilusão originada pela simultaneidade entre a ocorrência de intenções e desejos e os comportamentos correspondentes a eles. Tal simultaneidade é insuficiente para estabelecer uma conexão entre mente e comportamento. Ela poderia ser apenas ocasional, uma mera coincidência frequente que não permitiria estabelecer leis causais entre ambos.

Por isso, Skinner argumentava que o nosso "eu" não é quem inicia nem quem causa novos comportamentos – pois isso seria assumir a hipótese da existência de algum tipo de causação mental, isto é, de uma possível interação entre o imaterial e o material. Para ele, o único efeito dessa interação seria mergulhar a psicologia num impasse metafísico que a impediria de se tornar uma ciência.

Assim como Watson, Skinner considerava que o objeto da psicologia era o comportamento e como este é modelado pelo meio ambiente. No meio ambiente, ocorre um processo de seleção natural darwiniana, selecionando os comportamentos apropriados e excluindo os que devem ser extintos. Ele batizou esse tipo de processo de "condicionamento operante".

O "*behaviorismo* radical" (como Skinner chamava sua teoria) enfrenta uma questão complicada: o comportamento é suficiente para constituir uma teoria psicológica? Será que tudo que nos ocorre pode ser explicado pelo comportamento? O que aconteceria com um psicólogo *behaviorista* se o comportamento de todos fosse fingido? Nesse caso, ainda seria possível uma psicologia baseada apenas no estudo do comportamento?

Capítulo IV
Mente e linguagem

Uma grande filosofia se caracteriza pela sua ambiguidade. É a ambiguidade que a torna uma obra aberta, ou seja, uma obra que pode ser interpretada indefinidamente pelas gerações seguintes. Essa é a grandeza de filósofos como Platão, Aristóteles e Descartes.

Descartes deixou na história da filosofia a marca indelével da subjetividade. "Inventar" a subjetividade significa, entre outras coisas, afirmar que há experiências subjetivas intransferíveis. Elas são os *qualia* que, como vimos no capítulo II, até hoje inquietam muitos filósofos da mente. Mas o que é o sujeito? O sujeito é consciência. É autopercepção. É um ponto sem extensão que não pertence ao mundo por ser o que o gera. Tudo é externo à consciência, até quando ela se relaciona consigo mesma.

Por isso, a subjetividade é um ponto de fuga às avessas, interno e inescrutável. Descartes fez dela o fundamento do conhecimento, acreditando que ela é determinada pela natureza imaterial da substância pensante. Já na filosofia da mente contemporânea, a subjetividade é concebida como a possibilidade de se reagir de formas diferentes a uma mesma informação. Como observa o filósofo estadunidense Thomas Nagel, "uma característica é subjetiva se ela puder, em princípio, ser entendida unicamente a partir de um tipo de ponto de vista: o ponto de vista da pessoa que está tendo uma determinada experiência".[1]

1 Ver NAGEL, Thomas. "Como é ser um Morcego?". *Cadernos de História e Filosofia da Ciência*, 15 (1): 245-262, 2005. Trad. Paulo César Abrantes e Juliana Orione. Disponível em: <https://www.cle.unicamp.br/eprints/index.php/cadernos/article/view/617>.

Em outras palavras, subjetividade é diferença. É perceber o paradoxo de que o que nos torna semelhantes é ao mesmo tempo o que nos faz diferentes. Não é apenas eu sentir um mesmo café mais amargo do que você, como também perceber a existência dessa diferença de percepção. A subjetividade é a capacidade de compartilharmos um mundo a partir de suas múltiplas versões possíveis. Sem um mundo como referência, sem esse delírio intersubjetivo padronizado pela linguagem, não haveria como reconhecermos a diferença entre cada uma de suas versões. Cada uma delas determina uma perspectiva e um ponto cego específicos.

Uma "perspectiva" pode ser determinada pela posição do corpo de uma pessoa em relação às outras, mas isso não esgota o significado dessa palavra. Um senhor feudal tem uma perspectiva diferente da de seu vassalo. Um operário, uma perspectiva diferente da do gerente da fábrica. A subjetividade é a adoção de uma perspectiva – seja ela social, política, econômica, ou apenas uma posição no espaço. Assim, perspectivas são múltiplas cópias e versões imprecisas dessa realidade alucinada e intersubjetiva que chamamos de "mundo".

Nesse sentido, há algo de curioso sobre a subjetividade. As nossas sensações podem nos enganar, proporcionando uma percepção de mundo totalmente equivocada, a começar pela fixidez aparente da Terra. O "eu" cria um mundo no qual ele sempre é o centro – um microcosmo produzido por percepções falsas, criadas pelos nossos sentidos. Estar nesse mundo e ser autor dele é o que compõe a simulação na qual nos situamos. Como se isso não bastasse, colocar-se no centro do mundo também é uma ideia falsa produzida pela percepção. Mas se não nos colocarmos no centro das nossas percepções, não seremos capazes de nos orientar e de sobreviver.

Dessa forma, podemos comparar a subjetividade a um sextante ou a um astrolábio, instrumentos utilizados por navegadores nos séculos XV e XVI. O sextante primitivo assumia a hipótese de que a Terra é o centro do Universo e de que todos os planetas e estrelas giram ao redor dela. Apesar desse falso pressuposto, os navegadores podiam confiar nele para traçar suas rotas marítimas. Outrossim, a subjetividade nos mostra como é possível sobreviver num mundo ilusório. A nossa simulação pode ser um equívoco, e podemos descobrir isso por meio de nossas investigações científicas sobre a percepção e o cérebro. Mas ela pode ser funcional mesmo que baseada num "eu" equivocado. Como já vimos, teríamos uma rachadura na simulação, uma disfunção na alucinação verídica que nos permitiria discerni-la, mas que não nos permitiria abandoná-la.

A lógica nos diz que de premissas falsas é possível deduzir consequências verdadeiras. Um exemplo disso é a lei da gravidade, formulada por Newton no fim do século XVII. Até 1907, quando Einstein começou a desenvolver a teoria da relatividade geral, a física de Newton era considerada a descrição correta do mundo. Einstein provou que Newton estava errado, mas a lei da gravidade continua sendo usada até por engenheiros da NASA no cálculo da trajetória de seus foguetes. A ideia é que uma teoria "incorreta", como a de Newton, pode ter consequências "verdadeiras", funcionais.

Em seu livro *Regras para a direção do espírito* (1684), Descartes afirma que a ciência pode progredir com base em hipóteses falsas. Julga-se o valor de uma hipótese pelos *resultados* aos quais se pode chegar por meio dela. É o caso do sextante que vimos: embora funcionasse de acordo com uma representação incorreta dos corpos celestes (hipótese), podia orientar os marinheiros com segurança (resultado).

A hipótese fundamental da neurociência, a de que somos os nossos cérebros, nunca foi demonstrada nem confirmada. Mas permitiu um grande avanço na neurociência e uma aproximação entre filósofos da mente e neurocientistas. Outra aproximação, que passou a ocorrer na segunda metade do século XX, foi a entre filósofos da mente e pesquisadores da inteligência artificial. O desafio que essas novas disciplinas enfrentam é situar, num novo contexto, a subjetividade.

A inteligência artificial buscou simular a mente por meio de modelos computacionais. Com isso, ela visava explicar os aspectos funcionais da mente humana, como o raciocínio, a memória e a inteligência, que eram definidos como a capacidade para resolver problemas. O modelo computacional da mente, que esteve em voga durante as décadas de 1970 e 1980, afirmava que a mente é o *software* do cérebro – uma ideia aparentemente compatível com o dualismo cartesiano. Em 1975, o filósofo estadunidense Hilary Putnam propôs no artigo "Minds and machines" que a interação entre mente e cérebro poderia ser concebida como a relação de um *software* com um *hardware*. Na época, essa ideia foi revolucionária. Atualmente, ela é quase trivial.

A mensagem filosófica que estava implícita na inteligência artificial era que, se nada além de uma máquina complexa é necessário para simular o raciocínio humano, então podemos prescindir de uma mente imaterial. O problema era que a inteligência artificial consegue replicar várias funções do cérebro humano, mas não consegue simular a consciência – que naquela época era uma ilha do tesouro disputada tanto pela ciência quanto pela filosofia. Pesquisadores de inteligência artificial supunham que a simulação da mente levaria à simulação da consciência. Era uma agenda tão ousada quanto ingênua, e, desde o início do século XXI, foi abandonada.

A neurociência seguiu um caminho diferente. O seu projeto continua sendo mostrar que a mente é apenas o cérebro; que aquilo que entendemos como um "eu" nada mais é do que uma colônia de neurônios dentro de um crânio, na qual há uma tempestade elétrica vitalícia.

Além das outras descobertas recentes dos neurocientistas, a invenção da neuroimagem impediu que os filósofos da mente ignorassem a neurociência. Em consequência, a *neurofilosofia* logo se tornou um ramo de investigação filosófica. A proposta da neurofilosofia é resolver problemas da filosofia da mente através da neurociência. Com isso, ela tem se tornado um programa de investigação cada vez mais ambicioso, na medida em que a própria neurociência passou a se apresentar como a "teoria de tudo", mais especificamente, a "ciência de tudo" – isso porque, em última análise, ela poderia explicar a própria produção do conhecimento, assim alçando a ciência a um novo patamar. Recentemente, o neurobiólogo Vilayanur Ramachandran inclusive chamou a neurociência de "a nova filosofia", sugerindo que ela poderia resolver problemas filosóficos tradicionais e eliminar muitas dúvidas metafísicas.

Para muitos neurocientistas, a questão das relações entre mente e corpo não passa de um pseudoproblema. Mas não acredito que esse seja o caso. Somos a prova viva de que é possível resolver essa questão, embora ainda não tenhamos conseguido compreender como a mente interage com a matéria. Da mesma forma, a fotossíntese é um processo natural que ainda não conseguimos compreender, mas nem por isso faria sentido afirmar que ela é um pseudoproblema. Muitas vezes, há confusão entre as definições de um problema não resolvido, um problema insolúvel, e um pseudoproblema.

A questão das relações entre mente e cérebro também está longe de ser resolvida. A neurociência ainda não conseguiu explicar o surgimento e a natureza da consciência. E ainda não descobriu o código cerebral, isto é, a linguagem por meio da qual a informação é gravada no cérebro. Não sabemos como traduzir o mental em físico ou se essa tradução sequer é possível.

Posições contrárias à existência da alma (como o materialismo defendido pelas elites científicas de sociedades contemporâneas) permanecem dependentes do dualismo popular das religiões, que surgiu posteriormente na história das culturas. Em seu livro *A redescoberta da mente*, de 1992, o filósofo estadunidense John Searle relata que, quando foi à Índia para realizar uma conferência, várias pessoas afirmaram que já tinham existido em vidas passadas como rãs ou elefantes, e que então lhes era inconcebível que a mente fosse apenas matéria. Para essas pessoas, a alma é um pressuposto de sua cultura, e, dessa forma, o problema mente-corpo nunca chega a existir realmente. A *transmigração* da alma de alguém ao corpo de um animal de outra espécie, ou seja, a imortalidade cíclica da alma, não é um problema filosófico para a maioria das religiões na Índia.

Boa parte das culturas sustenta uma alma imortal, com propriedades diferentes da matéria. Todavia, não acredito que o problema mente-corpo seja apenas cultural ou uma espécie de lorota filosófica do século XVII, como defendeu o filósofo pós-moderno Richard Rorty (1931-2007). Em seu livro *A Filosofia e o espelho da natureza*, de 1979, ele sugere que o problema mente-corpo é um pseudoproblema, no máximo um debate entre um punhado de filósofos equivocados. Contudo, Rorty não explicou por que a maioria das culturas tem uma ideia de alma ou de mente que antecede em séculos as filosofias dualistas do século XVII. A alma já foi chamada de *psyché*, *nous*, *atman* e outros nomes. Ela é um fenômeno transcultural.

As relações entre mente e corpo sempre foram um problema nas mais diversas culturas e já assumiram configurações que podem nos soar bizarras. É muito conhecida a passagem em que o antropólogo francês Claude Lévi-Strauss (1908-2009) menciona que, nas Antilhas, "enquanto os espanhóis despachavam comissões de inquérito para saber se os indígenas possuíam alma ou não, estes tratavam de submergir prisioneiros brancos para verificar, com base numa longa e cuidadosa observação, se seus cadáveres apodreciam ou não".[2]

2 Ver LÉVI-STRAUSS, C. *Antropologia estrutural II*. São Paulo: Cosac & Naify, 2013, p. 364.

Na Grécia pré-homérica, acreditava-se que a alma era uma sombra, um fantasma que precisava ser deportado do mundo dos vivos para que os mortos não viessem atormentar as pessoas. A cremação era uma forma de separar definitivamente o espírito do corpo, exilando os mortos. Não se falava ainda de imortalidade da alma, uma ideia que parece ter se consolidado pelos órficos, pelos pitagóricos e, por fim, de forma explícita, por Platão.

Na filosofia moderna, a alma se transformou em sujeito. Ela se tornou uma espécie de demiurgo do mundo, com uma primazia sobre o corpo perecível. Por isso, o sujeito podia ser o fundamento de tudo, o ponto de partida da reflexão filosófica. Tal concepção não existia nem na Antiguidade, nem na Idade Média. As filosofias de Platão e de Aristóteles, minuciosamente estudadas pelo e adaptadas ao cristianismo, reforçaram as ideias cristãs de imortalidade da alma e de uma vida *post-mortem*. Assim, assumida como pressuposto inquestionável, a concepção de uma alma imortal fortaleceu doutrinas religiosas herdadas da Antiguidade (como a da reencarnação) e da Idade Média (como a da ressurreição da carne na fé cristã).

Enfaticamente defendido por alguns cientistas e filósofos contemporâneos, o materialismo ainda não faz parte da cultura popular e não parece afetar a nossa vida cotidiana. Será que, se alguém provasse que a mente é o cérebro e que só a matéria existe, abandonaríamos a religião? Provavelmente não. No entanto, o senso comum se caracteriza pela coexistência de crenças contraditórias. Ninguém nunca demonstrou cientificamente a existência de Deus, mas nem por isso a maioria das pessoas deixa de acreditar nele. A ciência não tem mudado as crenças religiosas sequer dos próprios cientistas.

Como já foi notado no capítulo anterior, alguns cientistas defendem o dualismo, não o considerando incompatível com uma visão científica do mundo. Atualmente, ser dualista é mais difícil para um filósofo do que para um cientista. Robert Oppenheimer, inventor da bomba atômica, é um exemplo dessa afirmação. Em seu livro *Science and the common understanding* (1954), ele sustenta que "é pouco provável que sejamos capazes de explicar os fenômenos fisiológicos que acompanham o pensamento consciente [...] e que o conhecimento dos correlatos físicos dos elementos da consciência pode ser insuficiente para clarificar o pensamento, as decisões de sua vontade ou o deleite que os olhos e a mente sentem quando contemplam uma obra de arte".[3]

Mesmo que um dia possamos compreender inteiramente os circuitos cerebrais e o papel de cada neurônio no cérebro, ainda assim isso não seria o bastante para explicarmos a natureza da consciência. Um neurocirurgião que abrisse o meu crânio não encontraria sentimentos ou pensamentos. Pois estes só existem a partir de uma perspectiva subjetiva que escapa da linguagem da neurociência. Para um neurocirurgião, a única possibilidade é afirmar que pensamentos e sentimentos são apenas uma ilusão. O problema é que isso é contraintuitivo, pois todos, inclusive neurocirurgiões, veem o mundo a partir de uma perspectiva subjetiva.

O desafio reside em como explicar que um mecanismo, ou seja, algo físico, pode gerar algo mental. Não há como extrapolar a linguagem da ciência para que ela possa incluir estados subjetivos. Por ela mesma estar confinada no mundo objetivo, tampouco poderia provar que existe algo que a extrapole. Esse é o "hiato explicativo", termo inventado pelo filósofo estadunidense Joseph Levine. Portanto, a ciência não consegue explicar a passagem do físico ao mental.

As estratégias metodológicas da inteligência artificial e da neurociência espelham o hiato explicativo. A neurociência adotou uma estratégia "de baixo para cima". Já a inteligência artificial, a estratégia inversa, "de cima para baixo". A neurociência estuda o cérebro. A inteligência artificial, a mente. Para a neurociência, é preciso descobrir como os sinais elétricos do cérebro ("baixo") se transformam em consciência ("cima"). A inteligência artificial caminha na direção inversa: partindo de "cima", da existência da consciência (um fenômeno que ela pretende explicar por meio de *softwares* cada vez mais sofisticados), ela tenta implementar sua existência em máquinas físicas ou virtuais. Entretanto, é pouco provável que essas duas estratégias se encontrem em algum momento e possam estabelecer uma interface entre o físico e o mental.

O hiato explicativo também se manifesta por uma descontinuidade linguística: a impossibilidade de se estabelecer uma relação entre a linguagem da psicologia e a linguagem da neurociência. Por que deveríamos supor que a tradução de uma

3 Ver OPPENHEIMER, R. *Science and the common understanding*. Nova Iorque: Simon & Schuster, 1953, p. 80-83.

língua para outra sempre é possível? Talvez esteja na hora de aceitarmos, como um *fato*, que nem todos os estados subjetivos podem ser traduzidos cientificamente. Não faz sentido construirmos teorias negligenciando fatos. Mas parece que foi justamente isso que ocorreu com a neurociência nas últimas décadas.

A rejeição ao dualismo se apoia principalmente nos efeitos de doenças como o Alzheimer. Se o dualismo fosse certo, essa doença neurológica não afetaria pensamentos e sentimentos. Seria uma doença do cérebro e não da mente. Mas isso é contraintuitivo. Pessoas que têm Alzheimer sofrem frequentes lapsos de memória, perda de identidade pessoal e um desmanche progressivo de seu psiquismo. Tudo se passa como se a pulsão da morte levasse à autodestruição do psiquismo e ao seu retorno para o substrato inorgânico que o originou.

Desde o início da filosofia da mente, na segunda metade do século passado, a descoberta dessas patologias fez com que o materialismo ofuscasse o dualismo – principalmente o dualismo de substâncias, que passou a ser considerado obsoleto. Junto dessa descoberta, somaram-se as promessas da inteligência artificial, assim como a esperança de muitos neurocientistas de que logo seria possível provar, definitivamente, que a mente é o cérebro. Mas o pêndulo oscila entre posições opostas. Vozes a favor do dualismo nunca deixaram de existir.

Uma delas, talvez a mais importante do século XX, é a voz de David Chalmers, filósofo australiano que já mencionamos. Segundo o conceito de "superveniência", cuidadosamente analisado por Chalmers, uma propriedade *B* de determinado indivíduo é *superveniente* se ela for produzida por um conjunto de propriedades *A* provindas desse mesmo indivíduo. A determinação de propriedades supervenientes pode ser lógica (conceitual) ou natural (empírica). No caso da superveniência lógica, as propriedades *B* são uma consequência automática da existência das propriedades *A* – ou seja, não seria possível conceber *A* sem conceber *B* junto. No caso da superveniência natural, é possível conceber *A* sem conceber *B* – ou seja, quando ocorre a propriedade *A*, não necessariamente ocorre a propriedade *B* também.

Em paralelo, a consciência (*B*) é um fenômeno emergente de um cérebro complexo (*A*). Tudo o que temos é uma conexão empírica, *de fato*, entre *A* e *B*. Mas nem sempre um cérebro complexo produz uma consciência – ou seja, é uma conexão de lógica natural. Nem se o replicarmos, molécula por molécula, a consciência surgirá.

No caso do cérebro humano, isso ocorreu em determinado ponto da evolução e, nesse sentido, é provável que a consciência tenha sido um fato histórico único.

Com a vida humana, ocorre um problema semelhante. Nós decompusemos a base física da vida, molécula por molécula. Mas ainda não sabemos como combiná-las para produzir um ser humano artificialmente. É possível que, da mesma forma que a consciência, a vida humana seja um fato histórico único. Assim, fatos históricos são replicáveis, mas nem por isso deixam de ser únicos. Podemos reencenar a Revolução Francesa, por exemplo, replicando todos os seus detalhes por meio de uma cenografia especial que incorpore recursos sofisticados de tecnologias digitais. Mas não importa com quanta fidedignidade os seus detalhes sejam reproduzidos, nunca será o que realmente foi a Revolução Francesa – isto é, um evento que ocorreu no fim do século XVIII. A história nunca se repete, embora as suas tramas sejam frequentemente reeditadas.

A biologia sintética pode modificar qualquer ser vivo por manipulação ou reedição de DNA. O seu ponto de partida sempre é um ser vivo que pode ser alterado ou ter alguns dos seus genes enxertados em outro. Ou seja, para brincar de Deus, sempre é preciso partir de algum organismo vivo, por mais simples que esse organismo seja, pois somente uma vida pode sustentar outra. Além disso, a senciência, uma das propriedades emergentes que compõem a vida, é uma marca profunda da descontinuidade entre o orgânico e o inorgânico. É também o que transforma os seres vivos em animais. Lidar com tal descontinuidade é o problema desafiador de quando tratamos da vida, muito semelhante ao problema de quando tratamos da consciência.

Em todo o Universo, a vida é provavelmente tão rara quanto a consciência. Mas não é por partilharem uma propriedade que uma necessariamente pressupõe a outra. Essa coincidência entre vida e consciência, que tem ocorrido até agora nos seres humanos, não significa que elas sejam mutuamente dependentes.

O fato de sermos vivos, sencientes e conscientes nos torna únicos, porém não especiais. Somos únicos porque a vida e a consciência provavelmente derivaram de um evento histórico singular. E não somos especiais porque os nossos corpos e mentes são compostos por átomos e moléculas de elementos químicos naturais sujeitos às leis da natureza – somos constituídos dos mesmos átomos que encontramos nos objetos que nos cercam, presentes em todos os seres materiais. Em suma, a vida e a consciência podem ter surgido uma única vez no Universo, mas isso não implica que elas sejam uma ruptura das leis da natureza. Eventos históricos, por exemplo, não rompem com as leis da natureza, embora possam exigir leis específicas para serem explicados. E o próprio fato de a vida e a consciência terem persistido por milhares de anos mostra que elas, mesmo derivadas de um episódio singular, não poderiam ser incompatíveis com as leis da natureza, pois caso o fossem já teriam sido extintas. Porém, será que a explicação da vida e da natureza depende de leis que ainda não conhecemos? Será que a consciência poderá ser explicada por meio de leis que regem o mundo físico, como querem os materialistas?

O debate entre dualistas e materialistas continua e tem episódios brilhantes. No capítulo I, vimos que, no final do século XIX, Freud sustentava que a consciência (originada pelos "neurônios ômega") é um fenômeno indecifrável. Mas décadas depois, em seus últimos textos, reunidos sob o título *Escritos Breves – 1937-1938*, o mesmo Freud apresentou uma série de notas intituladas "Conclusões, ideias, problemas". Essas notas caminham na direção oposta de suas primeiras reflexões sobre a natureza da consciência. Na nota de 22 de agosto de 1938, ele afirma: "A espacialidade é talvez a projeção do caráter extenso do aparelho psíquico. Nenhuma outra derivação é verossímil. Em vez das condições *a priori* de Kant, nosso aparelho psíquico... *A psyché é extensa, mas nós não percebemos isto*".[4]

Nada poderia ser tão anticartesiano como essa última afirmação. Uma "*psyché* extensa" significa uma mente material. Para Descartes, a extensão é uma propriedade que define a matéria, sendo assim inconcebível uma mente extensa. Esta, segundo Freud, teria uma espacialidade intrínseca que se manifesta quando, por exemplo, produzimos e manipulamos imagens mentais – algo que ocorre frequentemente ao planejarmos alguma ação futura que envolva a representação de objetos físicos. Como poderíamos imaginar um objeto físico se a espacialidade não fosse intrínseca à imaginação? Se temos imagens mentais, como o psicólogo estadunidense Stephen Kosslyn demonstrou na década de 1990, a mente é sim de alguma forma extensa.

---

4 Ver FREUD, S. "Considerações, ideias e problemas" (1938). *In*: *Obras Completas de Freud*. Editorial Biblioteca Nova: Madri, v. III, 1968, p. 447.

Contrastando com a passagem brilhante de Freud, um episódio bizarro de defesa do materialismo foi Duncan MacDougall (1866-1920) ter tentado determinar o peso da alma em 1907. MacDougall raciocinou que, se a alma tem extensão no espaço – ou seja, se ela é material –, então ela deve ter massa. Por conseguinte, para que essa massa não se desprenda do corpo, é preciso que esteja submetida à gravidade. E para tanto, ela deve ter um peso. MacDougall pesou o corpo de um homem vivo e, logo após a morte dele, supondo que alma já havia se "desprendido", pesou-o novamente. Ele encontrou uma diferença de 21 gramas. Esse seria o peso da alma.

Como vimos, doenças neurológicas que foram descobertas no século passado, como o Alzheimer, acabam nos inclinando fortemente em direção à ideia de que a mente é o cérebro, com a degeneração cerebral se manifestando por sintomas psicológicos. Porém, no caminho inverso ao do materialismo e da identidade mente-cérebro, um argumento forte a favor do dualismo pode ser derivado da matemática. Será que a propriedade de um número (como a de ser primo) pode ser representada neurologicamente? O que distingue a representação neurológica de um número primo da representação de outros números? Será que ser primo é uma propriedade representável por um conjunto de reações bioquímicas?

Mais interessante ainda é a noção de valência. Uma corrente elétrica pode ser positiva ou negativa. Mas será que há algo intrínseco a uma corrente elétrica que a torna positiva ou negativa? A que se referem tais palavras?

***

Descartes não acreditava que um robô pudesse falar como um ser humano, isto é, que pudesse ter a capacidade de produzir sentenças com sentido, como ocorre num diálogo entre duas ou mais pessoas. Uma das características do diálogo é a variedade de temas conversados, seguindo os zigue-zagues espontâneos que levam de um assunto ao outro. Um robô não pode produzir essas variações caóticas e captar o tom de uma conversa – por exemplo, se o que está sendo dito como um elogio é, na verdade, um comentário irônico. Ou seja, um robô não consegue discernir os vieses implícitos nas conversas e atribuir a eles a relevância necessária para que um diálogo tenha sentido e possa fluir normalmente, como ocorre entre os seres humanos.

Embora muitos diálogos sejam apenas uma combinação ou recombinação de frases já conhecidas, neles se manifesta a capacidade de usar a linguagem adequadamente em situações sempre novas. Diálogos estritamente idênticos são difíceis de ocorrer, mesmo em situações semelhantes. Por isso, apesar de a inteligência artificial desenvolver simulações de contextos, prever o rumo de um diálogo com base nas regras formais de um programa de computador ainda é um desafio. O uso circunstanciado de palavras e sentenças é o que compõe a inteligência linguística humana. Para Descartes, esse aspecto sempre inédito e criativo da linguagem era uma das linhas intransponíveis entre máquinas e humanos. É o que falta a qualquer inteligência artificial.

Também para ele, a barreira linguística era ainda maior no caso dos animais do que no das máquinas. Um robô tem mais chance de aprender a linguagem humana do que um animal. Até mesmo animais com sistema nervoso complexo e sistema fonador desenvolvido, como alguns mamíferos, são incapazes de compreender e reproduzir a linguagem humana, inclusive a não verbal.

O uso inteligente da linguagem era, para Descartes, o indício da existência de uma consciência subjacente à fala. Assim, a consciência é o que nos diferencia de todos os outros animais. Mas esse privilégio tem um preço alto. Vem acompanhado da ansiedade quanto à percepção da inevitável finitude da vida. Sabemos que vamos morrer. E vem acompanhado da percepção de nossa profunda solidão planetária como espécie.

Recentemente, a barreira linguística defendida por Descartes está sendo revisada. Em 2016, o *Google Neural Machine Translation* (GNMT), um *software* de acesso público, produziu pela primeira vez traduções automáticas de boa qualidade, baseadas numa amostragem de palavras, imagens e documentos na internet que permitiu a realização de inferências estatísticas sobre o modo como usamos a linguagem.

O GNMT desafia várias teorias linguísticas sobre a aquisição da linguagem, demonstrando que esta pode ser tratada como um código "desencarnado": uma combinação de símbolos independente de um sujeito que os enuncie. O GNMT também mostra que a aquisição e a tradução da linguagem não requerem a sua compreensão, assim não precisando de uma consciência para funcionar. Com isso, ele não visa replicar o modo humano de aprender e traduzir idiomas.

Em vez disso, o GNMT busca o sentido das palavras no contexto – o significado delas em seu uso. Há um algoritmo, o *word2vec*, que cria representações vetoriais para as palavras. Cada palavra é representada numericamente. Dessa forma, os pesquisadores criam uma "rede neural": um tipo de aprendizagem de máquinas treinadas para entender como as palavras se relacionam. A maioria das palavras tem vários significados, e o GNMT precisa entender o contexto próprio de cada um. A rede neural lê milhões de textos concentrando-se nos dois vocábulos imediatamente anteriores e posteriores a cada palavra. Desse modo, usando estatística, a rede neural pode prever a palavra seguinte com base nas que a cercam. E assim, o *word2vec* permite representar uma grande quantidade de usos possíveis para uma mesma palavra.

Novos algoritmos, como o *word2vec*, permitem que as máquinas identifiquem padrões, aprendam, e se modifiquem com a experiência. O conhecimento não é mais obtido por operações mentais, mas sim por algoritmos muito mais potentes e rápidos do que a mente humana. É um conhecimento "zumbi", que nada tem de antropomórfico, pois é produzido por dispositivos extrassomáticos (externos ao corpo). Nessa nova onda da inteligência artificial, não se busca a replicação da consciência ou de uma racionalidade geral. Busca-se um conhecimento gerado por *softwares* que realizem tarefas específicas no mesmo nível ou até melhor do que nós, seres humanos.

Baseada no aprendizado de máquinas e no *big data*, essa nova onda pode nos obrigar a rever muitas teorias linguísticas e psicológicas já estabelecidas, assim como muitos preconceitos cartesianos, sobretudo os que alinham consciência, inteligência e linguagem. Se pararmos para pensar, o pesadelo heideggeriano de uma linguagem concebida apenas como troca de informação se concretizou. Não há nada que nos torne tão próximos dessa vida mecânica quanto o WhatsApp, por exemplo.

Tendo como ponto de partida o *Watson*, um *software* que responde perguntas sobre conhecimentos gerais, a IBM está desenvolvendo um dispositivo capaz de argumentar à maneira socrática, envolvendo alunos de segundo grau em sessões de perguntas e respostas: uma máquina auxilia os professores a desenvolver pensamento crítico em seus alunos.

A linguagem ainda é um caminho privilegiado para se conhecer a mente humana. Se colecionarmos grande parte dos *atos de fala* de uma pessoa durante toda a sua vida, e se os combinarmos com os seus dados pessoais e com os vestígios deixados por ela na internet, é possível que no futuro possamos reconstituir a sua mente na forma de um imenso banco de dados. Poderemos então conversar com uma pessoa falecida cujos dados linguísticos conseguimos preservar. E poderemos interagir com esse banco de dados usando algoritmos de aprendizado. Esses algoritmos nos ajudarão a conhecer essa pessoa por meio de atalhos que, por sua vez, nos permitirão aprofundar um diálogo criativo com ela.

Provavelmente, esse será o caminho para a imortalidade digital. Preservaremos alguém indefinidamente na qualidade de uma máquina falante. Se essa máquina for uma simulação de alta qualidade, seremos tentados a lhe atribuir consciência. Isso dependerá, é claro, das nossas convenções em relação à atribuição de consciência a humanos e a máquinas. A simulação pode ser tanto o caminho para a atribuição de consciência a uma máquina quanto a total supressão desse caminho. Talvez a cópia possa se tornar mais perfeita que o original. Talvez não haja mais sentido em distinguir originais de cópias. Assim, a inteligência artificial pode ser um golpe mortal para o platonismo, aquele golpe tão anunciado pelos filósofos franceses pós-estruturalistas.

A máquina que fala é a linguagem despida de sujeito. Este, como simulação, poderá se aperfeiçoar pelo aprendizado e pelo acréscimo constante de novos dados. Inclusive, é possível que essa máquina, após vários treinamentos, exiba um comportamento linguístico com uma performance melhor do que a pessoa da qual se originou o seu banco de dados inicial. Entretanto, quem é que fala? Não sabemos mais. *Isso* fala. Mas o que é *isso*? Algo muito diferente do sujeito consciente.

O GNMT sinaliza um novo modelo de conhecimento da inteligência artificial, um modelo que visa produzir "máquinas-zumbi" altamente especializadas que superem a capacidade humana de processar dados. Esse novo modelo não tem como foco o desenvolvimento de simulações da inteligência humana. Uma vez que o uso corporativo da inteligência artificial ganhou prioridade, simular uma inteligência geral ou a vida mental consciente deixou de ser uma meta de pesquisa.

Baseados no aprendizado profundo e em *big data*, os novos dispositivos de inteligência artificial modelam a inteligência como uma *Síndrome de Savant*. Os portadores dessa síndrome – *idiots savants*, ou "sábios idiotas" – têm um severo déficit intelectual, mas possuem determinadas áreas cognitivas que superam a capacidade humana, como memorizar livros inteiros, fazer cálculos mentais de multiplicação acima de 7 dígitos, e outras habilidades intelectuais incomuns.

Nesse novo modelo de máquinas que emulam humanos, o conhecimento deixa de ser um estado mental, não precisando mais de um sujeito que *conhece*, tampouco precisando gerar uma representação que corresponda a algo no mundo. Para os novos algoritmos de aprendizado, a internet (fonte de todos os dados) substitui o mundo. Não compreendemos mais o mundo. Mais grave ainda, não estamos mais interessados em compreendê-lo. A narrativa do mundo que tem o sujeito como o seu epicentro está desaparecendo.

A era da consciência pode estar chegando ao fim. Os nossos modelos de inteligência serão baseados em modelos fornecidos por pessoas com dificuldade em socialização e comunização, ou por "máquinas-zumbi" que podem ser muito mais proficientes na realização de tarefas específicas. Será que a consciência se tornará algo obsoleto?

Nos últimos anos, a filosofia da mente iniciou um forte movimento negacionista em relação à consciência – que é o *hard problem* ou "problema difícil" que David Chalmers apontou. Como a inteligência artificial e a neurociência não conseguem resolver esse "problema", o atalho mais curto é negar a sua existência.

***

Para testar se um computador tem uma mente, Alan Turing defendia que basta se comunicar com ele por meio de um teclado e manter qualquer conversa pelo tempo que quiser. Se você fizer isso e não conseguir saber se está se comunicando com um computador ou com outro ser humano, então o computador passa no teste, em princípio tendo assim uma consciência própria.

Mas será que uma máquina que passa no teste de Turing pode efetivamente ser considerada um ser dotado de mente, ou temos que refinar esse teste, separando inteligência (no caso, habilidade linguística) de consciência? Questões como essa nos levam a outras, talvez preliminares.

Alimentando ainda mais o sensacionalismo em torno da inteligência artificial, alguns entusiastas afirmaram em 2022 que o ChatGPT passa no teste de Turing. De fato, o ChatGPT é tão convincente que um dos seus desenvolvedores afirmou que interagir com ele era o mesmo que conversar com um ser consciente. A

OpenAI, empresa que produziu essa inteligência artificial, demitiu esse funcionário após tal afirmação inadvertidamente ter vazado para a imprensa.

O ChatGPT funciona usando *hipercomputabilidade*. Ele foi abastecido com mais de 45 mil *terabytes* de texto – uma quantidade que equivale a 500 mil anos de leitura na "velocidade humana". Com base nessa gigantesca base de dados, ele é capaz de computar qual palavra ou expressão normalmente se segue em dado contexto de conversa, usando cálculos de probabilidade muito sofisticados. Isso fez com que o ChatGPT não apenas adquirisse habilidades linguísticas conversacionais, como também a capacidade de produzir textos em áreas especializadas.

Será que podemos considerar esses textos como produzidos por uma subjetividade, ou apenas pela imitação de uma subjetividade? Se nos atermos aos *outputs* desse dispositivo como critério para identificar a presença de uma mente, não há dúvida de que o ChatGPT é uma imitação praticamente perfeita de uma subjetividade. Mas qual é a diferença entre uma subjetividade e a *imitação* de uma subjetividade?

A filosofia de Descartes acomoda um conjunto de conclusões aparentemente contraditórias. Como vimos, ela permite supor que não há incompatibilidade entre dualismo substancial e ciência. A dualidade entre *software* e *hardware* ilustra essa possibilidade. Também como já vimos, há o "problema difícil" indicado por Chalmers, uma barreira intransponível entre máquinas e humanos: a consciência. As máquinas podem ser muito bem aperfeiçoadas, mas ainda não sabemos se um dia poderão ultrapassar tal barreira.

Conhecimento e consciência se bifurcaram: há máquinas que aprendem e que usam *big data*, com isso superando os seres humanos em atividades cognitivas específicas. Essas máquinas poderão se autorreplicar, gerando versões mais potentes de si mesmas, mas encontrarão uma barreira *qualitativa* impedindo o seu acesso à consciência. Ainda estamos distantes de máquinas que podem imitar perfeitamente habilidades linguísticas humanas. O ChatGPT ainda não produz textos sem erros e algumas de suas histórias não têm nexo. Assim, a fantasia de uma máquina futura mais consciente do que nós ainda não passa de uma lenda urbana. Para a tristeza dos hegelianos, não acredito que *quantidade* se transforma em *qualidade*.

O que aconteceria se, ao andarmos na rua, topássemos com uma máquina que exclamasse "Penso, logo existo"? Será que acreditaríamos nela? Dizem que a beleza está nos olhos de quem vê. Pois bem, o mesmo raciocínio se aplica à inteligência artificial e às habilidades linguísticas do ChatGPT. Tendemos a atribuir uma mente a qualquer organismo ou dispositivo que se comporte racionalmente. Poderíamos acreditar que uma máquina que produz o enunciado "Penso, logo existo" está remetendo a estados subjetivos? Não estaria ela justamente demonstrando que a imitação do comportamento é insuficiente para imitar uma subjetividade? Fingir um *cogito* como forma de fingir ter uma mente, sem para tanto possuir qualquer evidência de ter *experiências* subjetivas, parece ser o limite da imitação da vida mental humana por uma máquina. E, nesse caso, é só isso que o ChatGPT pode nos fornecer: uma *imitação* do comportamento linguístico.

Muitas vezes esquecemos que somos nós que atribuímos pensamentos, emoções e sentimentos aos outros. Outrossim, esquecemos que somos nós que atribuímos consciência ao ChatGPT, e que nesse sentido ele é apenas uma extensão da nossa própria mente, um mecanismo que produz a ilusão de ter vida mental própria.

***

Qual foi o erro de Descartes? Iniciar a mecanização do mundo que resultou em máquinas assustadoras como o ChatGPT?

Para o neurobiólogo António Damásio, Descartes deixou como legado o problema mente-cérebro, uma questão metafísica intratável que teve efeitos deletérios sobre a ciência e sobre a nossa visão de mundo. No seu livro clássico *O erro de Descartes*, já citado, ele afirma que a distinção entre "doenças neurológicas" e "doenças mentais", assim como entre "doenças psicológicas" e "doenças psiquiátricas", é uma herança infeliz que permeia nossa sociedade e a medicina. Uma herança que reflete o desconhecimento da relação entre mente e cérebro. Mas não concordo com ele. O problema mente-cérebro é uma mazela metafísica considerável, mas não é o pior legado de Descartes.

O dualismo não é a grande novidade da filosofia cartesiana, como propõe a história da filosofia tradicional. Apesar das investidas recentes contra o dualismo, vindas da neurociência e da inteligência artificial, ele sempre nos acompanhou através dos séculos por meio das religiões. As religiões nos prometem que não seremos tragados pela morte. Nossa alma sobreviverá até o fim dos tempos.

A novidade do cartesianismo, e ao mesmo tempo o seu maior erro, foi estabelecer uma linha divisória intransponível entre seres humanos de um lado, e animais, vegetais e máquinas inteligentes do outro. O cartesianismo acentuou a desqualificação dos animais, reduzidos a simples sistemas mecânicos.

Descartes foi herdeiro de uma longa estirpe de filósofos que desvalorizavam os animais. Tomás de Aquino e Agostinho, os maiores filósofos da Idade Média, consideravam os animais criaturas inferiores. Tomás de Aquino também considerava as mulheres como seres inferiores, mas a Igreja Católica o impediu de expressar publicamente essa opinião. Séculos depois, Descartes afirmou que Deus é o Deus da razão, o que excluía os animais do reino divino por não possuírem racionalidade. Essa tendência se manteve nos séculos seguintes. Com base nessas ideias, o filósofo e cientista francês La Mettrie (1709-1751) praticava a vivissecção de cães e pássaros, uma prática que infelizmente ainda ocorre em alguns laboratórios de ensino de ciências. Ademais, no século XX, em uma passagem consagrada, o filósofo alemão Martin Heidegger (1889-1976) afirmou que "a pedra é sem-mundo, o animal é pobre de mundo e o homem é formador de mundo".[5]

Descartes sustentava que os animais se assemelham aos autômatos pois lhes falta a *res cogitans* – ou seja, eles não têm consciência. Por essa ideia, podemos dispor deles como bem quisermos. Podemos escravizar alguns ou criá-los em péssimas condições para depois abatê-los e nos alimentarmos de sua carne, sem que isso constitua um problema moral. Também estaríamos moralmente autorizados a fazer a mesma coisa com as plantas, que servem para decoração ou, hoje em dia, para o cultivo em larga escala no agronegócio. Tecnicamente, elas não poderiam ter experiências, como ocorre no caso de criaturas conscientes, e por isso elas não poderiam ter nenhum tipo de vida mental. Assim, consumir plantas como alimento não implicaria nenhum problema ético, pois elas não têm sistema nervoso, embora possam ser responsivas a alguns estímulos externos, como música alta.

A situação com os animais é diferente. Para Descartes, eles têm um sistema nervoso, mas, como não têm consciência, não sentem dor – uma ideia extremamente contraintuitiva. Na verdade, é uma ideia tão contraintuitiva quanto não se

5 Ver HEIDEGGER, Martin. *Os conceitos fundamentais da Metafísica: Mundo, Finitude e Solidão*. Trad. Marco Antônio Casanova. Rio de Janeiro: Forense Universitária, 2011, p. 207.

notar que uma lagosta viva se contorce ao ser jogada em água fervente – prática tão cruel que, no Reino Unido, na Nova Zelândia e em algumas partes da Austrália, restaurantes foram recentemente proibidos de adotá-la. A União Europeia ainda não estabeleceu restrições contra esse tipo de prática, mas reconheceu oficialmente a existência da senciência nos animais. A senciência, isto é, a capacidade de *sentir* de forma consciente, o que inclui sentir dor, é um divisor de águas no debate de que os animais não devem ser consumidos nem submetidos a atos de crueldade.

A ideia de que os animais não têm nenhum tipo de mente também é contraintuitiva. O comportamento de alguns pássaros fornece um contraexemplo. Quando um predador é avistado, há pássaros que emitem um som próprio para avisar os outros pássaros do seu bando. Após a repetição desse comportamento, esses pássaros passam a fugir logo que escutam tal som, mesmo que não avistem nenhum predador.

Suponhamos agora que um pássaro emita esse som quando algum alimento é avistado, em vez de ser pela proximidade de um predador. Tal pássaro pode assim se apropriar do alimento sozinho, sem competir com o seu bando, pois o som faz com que todos fujam. Esse padrão de comportamento também é observado em algumas espécies de macacos. Será que esses pássaros e esses macacos não têm algo como uma *protolinguagem*, por meio da qual se manifesta uma mente?

Ademais, há um paradoxo na ideia de que poderíamos nos alimentar dos animais por eles não terem alma. Sem uma alma, o fim de suas vidas seria definitivo, não havendo nada depois da morte. Contudo, se os animais que comemos tivessem uma alma, como acreditam alguns vegetarianos anticartesianos, a sua morte não significaria o fim de sua existência, uma vez que sua alma continuaria a existir. Nesse caso, matar e comer animais não seria um problema ético tão agudo. Atacar o cartesianismo em defesa da ideia de que os animais têm uma alma como nós não é um argumento sólido para desacreditar a concepção de Descartes sobre os animais-máquinas. O vegetarianismo tem que buscar argumentos contra ambas as possibilidades se quiser seriamente se contrapor ao cartesianismo.

A polêmica sobre os direitos dos animais nos força a adotar uma moral provisória que estabeleça nossas atitudes e limites em relação a eles. E concordo que a presença de um sistema nervoso é um divisor de águas razoável para limitar o consumo de carne e evitar crueldades desnecessárias. Essa moral, ainda que somente provisória, impede que a defesa dos direitos dos animais se torne absurda, como ocorre com alguns autores que sustentam que não devemos nos defender de mosquitos que transmitem a malária, a dengue e a zika. Essa moral também abre espaço para o combate a bactérias letais ao ser humano, para a permissão do aborto nas primeiras semanas de gravidez, e para a definição de morte cerebral como o término da vida. No entanto, outros problemas permanecem em aberto, como a utilização de animais para testar novos medicamentos, e a utilização dos seus órgãos (geneticamente alterados) em transplantes para seres humanos.

A desqualificação dos animais não é somente um problema moral. Nela também está inserida a mensagem implícita da centralidade universal do ser humano, sempre defendida pelas grandes religiões. "Façamos o homem à nossa imagem", disse Deus em Gênesis 1:26, "e que ele tenha domínio sobre os peixes no mar, as aves no ar, o gado no pasto e sobre todas as criaturas na Terra e sobre todos os répteis que rastejam na Terra".

A partir do século XVII, o centralismo humano passou a ser uma agenda da filosofia. A crítica e a inferiorização de Descartes aos animais subentende uma exaltação implícita da espécie humana. Sentimo-nos autorizados a devastar o planeta, destruindo de forma irresponsável milhões de espécies animais e vegetais com as quais somos pouco solidários, apesar de dividirmos a mesma Terra. Embarcamos na ilusão dos recursos inesgotáveis e atualmente estamos pagando um preço elevado por essa aventura. A desertificação, que já está em curso, faz parte desse preço e decorre da extinção de inúmeras espécies animais e vegetais pelo ser humano. O *homo sapiens* se julgou o único dono do planeta, sem perceber que na verdade é apenas uma espécie que pode ser extinta como as demais.

O corolário do centralismo humano foi termos nos excluído da natureza, negando a nossa pertença ao meio animal. Passamos a acreditar que somos os únicos protagonistas da história e que a natureza é apenas um coadjuvante nesse drama coletivo focado em acontecimentos políticos e sociais, a crônica sobre guerras e tratados que ocorreram no passado. Os acontecimentos históricos significavam apenas fatos imprevistos irrompendo na forma de uma avalanche, uma enchente ou uma erupção vulcânica. Acreditávamos que era possível narrar separadamente a história humana e a história da natureza. Esta é medida não em fatos históricos durante séculos, mas sim em fases geológicas durante milhões de anos.

De acordo com o pensamento tradicional, essas duas maneiras de *fazer história* poderiam se manter estanques, como se a história da natureza não participasse da história humana nem a influenciasse. Tudo se passava como se as pandemias e as mudanças geológica e climática não pudessem assumir o papel de protagonistas na história econômica, política e social. Assim, a natureza era vista apenas como o palco no qual o drama histórico humano se desenrola.

No entanto, uma contrapartida ao centralismo humano começou a se esboçar nas últimas décadas. Percebemos, talvez pela primeira vez, que o ser humano pode interferir na história geológica da Terra. Contudo, mantivemos a divisão acadêmica e institucional entre ciências da natureza e ciências humanas – uma premissa falsa que nos orientou nos últimos séculos, e que tem nos impedido de ver os grandes danos que estamos causando ao meio ambiente, colocando em risco a sobrevivência de nossa própria espécie.

Nosso ingresso recente em uma nova era geológica, o Antropoceno, é em grande parte resultado da compartimentalização das histórias natural e humana. É um legado do século XVIII para o qual o cartesianismo pode muito bem ter contribuído. Essa era tórrida na qual estamos vivendo é a consequência de uma visão ambígua de natureza, uma visão que a concebe ao mesmo tempo como grande provedora de recursos e como inimiga contra a qual é necessário mantermos uma luta incessante. Acredito que, infelizmente, Descartes está na galeria dos bisavôs do Antropoceno, uma era na qual o ser humano terá que lutar incessantemente para sobreviver em um planeta desertificado.

Conclusão

Uma solução para o problema mente-cérebro deve focalizar no modo como o físico pode se comunicar com o mental, e não o contrário. Trata-se de encontrar a terceira margem de um rio. Como isso não foi possível, tivemos que encontrar um barqueiro que levasse e trouxesse as mensagens de uma margem à outra. Penso que esse barqueiro é a *informação*.

O modelo informacional da relação entre mente e corpo que apresentei aqui, baseado na fisiologia de Descartes, é limitado. Esse modelo não pode explicar por que dados que chegam à mente são transformados em informação, a qual pode, por meio de suas propriedades causais, fazer com que o corpo se mova em uma direção ou em outra. Não sabemos por que e como a informação se transforma em significado. Falta-nos uma teoria semântica da informação, e por isso só podemos explicar a motivação de uma ação reconstruindo-a *a posteriori*. Essa dificuldade ainda intocável é a base para a reconciliação da inteligência artificial com uma subjetividade que se mantém hermética. No entanto, podemos afirmar que demos um passo adiante no sentido de propormos um modelo para explicar o problema principal do dualismo de substâncias: saber como é possível a conexão entre mente e corpo.

Esse modelo é suficiente para defender um dualismo naturalista que explique como a mente pode interagir com o corpo tanto no caso das máquinas quanto no caso dos dispositivos artificiais. O dualismo que sustento serve não só para esclarecer esse trecho complexo da filosofia cartesiana, como também serve para reavivar um funcionalismo, seja este reducionista ou não.

Se quisermos entender a base física desse processo de interferência da informação na matéria, sugiro que o modelo a ser adotado seja o do "colapso da função de onda", em que a interferência da informação faz com que a matéria se torne *definível*, como ocorre no já mencionado experimento de Schrödinger – um gato semivivo ou semimorto preso numa caixa até que o ato de a abrir *defina* se ele morreu ou se continua vivo. É dessa forma que funciona a nossa mente, para a qual não é possível determinar regras a serem seguidas. O nosso psiquismo é anômalo. Na nossa mente se abrem bilhões de caixas por minuto. A informação que prevalece é a guia das nossas ações.

Por mais problemático que o legado cartesiano seja em algumas frentes, dificilmente o superaremos. O corpo como autômato ainda é a base da medicina moderna. Esta o trata como independente da mente. O corpo é matéria, um imenso agregado de células vivas constituídas por bilhões de moléculas, cada uma delas funcionando como uma minúscula usina na qual ocorrem reações químicas em cascata. Essa ideia também é aplicável ao cérebro, no qual, segundo Descartes, estaria gravada a nossa mente, no amálgama indissociável da união substancial.

Mas e as doenças mentais? A psiquiatria se configurou como disciplina médica a partir do fim do século XVIII. Foi nessa época que os doentes mentais começaram a ser recolhidos em asilos. A ideia de doença mental sugere algo híbrido entre mente e cérebro que nunca foi totalmente esclarecido.

Nos primeiros hospitais psiquiátricos, essa condição híbrida levou a várias práticas estranhas, agrupadas sob o nome de "tratamento moral". Esse tratamento consistia, por exemplo, em submeter os pacientes a duchas de água fria para "refrescar" as ideias deles. Essa prática se consolidou no século XIX com a aplicação da ducha gelada especificamente na cabeça, sendo acompanhada de um diálogo com o paciente para que ele confessasse que estava apenas delirando. Havia também uma máquina rotatória na qual o paciente era colocado para fazer a cabeça dele girar. Esse dispositivo era usado para tentar diminuir a confusão mental, pois, após algum tempo girando, as ideias acabariam se "assentando". O mesmo procedimento era usado para tentar fazer com que o paciente desistisse de ideias fixas. A confusão entre o físico e o mental era clara nesse tratamento moral, mas os primeiros psiquiatras não se davam conta de que estavam buscando consolidar uma ciência sobre um problema teórico não resolvido.

Outro ponto é que a nossa linguagem está impregnada pelo dualismo cartesiano. Enterramos corpos de pessoas, não as almas delas. É um dualismo ancestral, herdado pelas principais religiões, e que conferiu à filosofia de Descartes a força de uma narrativa sobre o ser humano, que revive a ideia do anjo caído, da alma encarnada como fonte de sofrimento. Essa narrativa persiste há alguns séculos pois, apesar de a neurociência sustentar que somos o nosso cérebro, isto é, nada mais do que o nosso corpo, tal afirmação ainda nos soa contraintuitiva.

Essa dualidade linguística entre mente e corpo reflete o modo como a nossa cognição está organizada. Nela, objetos concretos e objetos abstratos ocupam posições diferentes. Talvez seja por isso que esse dualismo rapidamente impregnou a nossa visão de mundo e modificou a cognição humana, reformatando o senso comum a partir do século XVII. O cartesianismo coincide com a nossa visão intuitiva do mundo, a qual separa o concreto do abstrato, o sensível do inteligível.

A consciência permanece inexpugnável. Sem consciência, não há mundo. Se as máquinas não puderem replicá-la, será preciso que elas se associem a seres conscientes que gerem um mundo no qual elas mesmas possam existir. É justamente isso que ocorre na série de filmes *Matrix*: seres humanos desacordados, empilhados em cubículos que atingem centenas de quilômetros de altura, estão profundamente entranhados com máquinas, que usam os seus corpos como fonte de energia para se manterem funcionando. Na verdade, não é de corpos humanos que essas máquinas precisam – pois, nesse caso, os corpos de animais maiores do que nós gerariam muito mais energia. Elas precisam é da consciência, já que nunca poderiam gerá-la artificialmente.

Descartes tentou definir a consciência como um monólogo intermitente que não chega pelos nossos ouvidos. Ele não foi o primeiro nem o último a fazer tal afirmação. Na história da filosofia, Sócrates e Wittgenstein definiram a consciência como uma voz interior inaudível para os outros. Não apenas nos lembramos dos nossos pensamentos, mas também os sentimos como uma voz vinda de dentro da nossa cabeça. Como é possível ouvir essa voz interna se os nossos tímpanos só podem ouvir o que vem de fora?

O pensamento consciente é um discurso silencioso com o qual nos referimos a estados internos que nos ocorrem como imagens e sentimentos, e com o qual nos referimos à percepção do que ocorre em nosso entorno. Talvez a consciência seja apenas ouvir vozes – vozes que não têm peso nem cor, e que existem independentemente da percepção imediata. Ou talvez a consciência seja o sintoma de uma patologia, de uma esquizofrenia compartilhada na qual todos têm a ilusão de estarem falando sobre as mesmas coisas, quando na verdade as sonham. O sentido deve ser buscado no sonho e não na percepção, como percebeu Freud. Para ele, o argumento do sonho (do qual Descartes queria se livrar) não tem saída. Isso pois, como já vimos, as histéricas podem alucinar dores, ou seja, sofrer de dores sem causas fisiológicas detectáveis, e por isso a realidade da dor deixa de ser um critério para nos situar num mundo que não poderia ser coerentemente alucinado.

Freud é o grande anticartesiano da história da filosofia. Foi ele que revelou que a existência da vida mental (o *cogito*) nos é dada pelo onírico – pois no sonho as leis que governam a mente não coincidem com as sequências de impressões que recebemos do mundo externo. É no sonho que o mental tem vida própria. Esse entendimento já era conhecido por muitos povos primitivos, mas infelizmente só foi descoberto pelos estudos antropológicos nas últimas décadas. Para esses povos, a relação entre sonho e vigília é o inverso da nossa. O mundo real é o dos sonhos, enquanto o mundo da vigília é o das alucinações verídicas paradoxais, mencionado no capítulo II. Para eles, o sonho é a consciência fenomenal de que nos fala Chalmers, o seu "problema difícil". Ou seja, o sonho é a consciência sem nenhuma funcionalidade na cognição e no comportamento. Por isso, ao sonho pode ser atribuído um sentido, uma interpretação, mas não uma função.

Escutar uma voz incorpórea e identificar a própria cabeça como a sua fonte é a condição habitual de um ser humano consciente – o ruminante ininterrupto de que falava Nietzsche. Mas há transtornos mentais em que uma pessoa acredita que tal voz *não é sua*, e sim uma subjetividade desgarrada do mundo, solitária. É nesse ponto que se manifesta a linha tênue entre o normal e o patológico. Como afirmou o filósofo francês Roland Barthes (1915-1980), é a linguagem que fala o homem e não o homem que fala a linguagem. Ou seja, a linguagem é ancestral e precede o "eu" – da mesma forma, por exemplo, que a aritmética já existia antes de haver alguém para pensá-la. É por isso que nunca seremos capazes de retraçar a origem da linguagem no tempo. E é por isso que nem sempre as vozes interiores, palavras sem barulho e sem acesso aos sentidos, sinalizam a presença de uma patologia. Elas podem ser a manifestação de fragmentos arcaicos da linguagem na sua ancestralidade insondável.

Se a consciência puder ser equiparada aos sintomas da esquizofrenia temos, então, de acrescentar-lhe algo mais: ela seria uma esquizofrenia paranoica, pois só nós, humanos, nos consideramos conscientes. Estranhamente, não sabemos o que é a consciência, mas nos consideramos conscientes. Se esse diagnóstico coletivo de "esquizofrenia" for algum dia confirmado, poderemos nos livrar da consciência simplesmente desligando alguns genes.

Além disso, poderemos enxertar esses genes de modo a produzir um DNA recombinante em alguns animais. Contudo, isso não seria suficiente para que eles adquirissem consciência. Falta-lhes a linguagem e, por isso, a lembrança do fluxo de palavras que compõe a consciência. Sem essa lembrança, tampouco há vozes interiores. A barreira linguística continua a existir, pelo menos para os animais, que não têm esse *ouvir-se* tipicamente humano. A consciência é um *daemon* que não conseguiu se apossar de todos os seres vivos. Mas nós, os seres humanos, estamos condenados a suportá-la.

Não concordo com a desvalorização do sujeito promovida pela filosofia pós-moderna e pela neurociência. A dissolução da subjetividade tem sido confundida com a desvalorização da individualidade – uma estratégia que vem sendo adotada para conseguirmos sobreviver num planeta superpopuloso. Nossa organização social se baseia cada vez mais na adesão a procedimentos algorítmicos que, frequentemente, são considerados a única opção para a administração racional das sociedades de massa. Deixamos de ser *homo sapiens* para nos tornarmos "*homo algoritmicus*". Com isso, a subjetividade foi engolida. E, como vimos, trata-se de uma subjetividade cujo valor reside num paradoxo: o que nos torna semelhantes é o que nos faz diferentes. É a possibilidade de sermos diferentes e de enxergarmos o mundo por perspectivas diferentes o que nos torna semelhantes.

Mas as máquinas ainda não podem formular questões ou identificar problemas. Como se queixava Picasso, elas só nos fornecem respostas. Precisamos treinar as suas redes neurais, mas para quê? Como uma máquina poderia gerar um objetivo a ser alcançado? A finalidade das máquinas é sempre atribuída de forma exógena. Se elas não tiverem habilidade suficiente para mudar os seus objetivos de acordo com as mudanças que ocorrem nos contextos, elas correm o risco de se tornarem eternas produtoras de clipes de papel (como comentamos no capítulo I).

O planejamento é a principal função da consciência. Tudo precisa ser planejado, até mesmo tarefas cotidianas como saber o que fazer num fim de semana. Nenhum planejamento pode ser executado a não ser que tenhamos uma representação consciente do que podemos escolher fazer. Se estou em uma das margens de um rio e preciso chegar na outra, terei que imaginar uma solução e representá-la para mim mesmo: amarrar troncos de árvores e, de alguma forma, estendê-los até o outro lado, por exemplo. Mas isso precisa ser imaginado, redesenhando os caminhos possíveis em algum espaço mental. Imaginar, projetar e planificar são tarefas que exigem consciência. As máquinas podem simular, mas não planejar. Pois, paradoxalmente, planejar significa sonhar. Significa sonhar acordado: um sonho consciente, um sonho lúcido.

Planejar não é o mesmo que predizer. Uma máquina pode fazer predições com base em dados estatísticos. Em vez disso, e em vez de apenas expandir as tendências do presente, planejar significa imaginar futuros alternativos e montá-los agregando itens e peças diferentes. Para planejar, é preciso ter um *projeto*, algo que vai além das circunstâncias.

Uma inferência criativa primordial não é possível sem a participação da consciência. A consciência permite a representação gráfica e imagética da solução de um problema. E a ideia de um algoritmo pressupõe essa capacidade primordial de planejar. Um algoritmo é um conceito matemático no qual todas as etapas se tornam explícitas, eliminando qualquer fagulha de intuição. Esse refinamento fez com que o algoritmo se tornasse implementável em máquinas. Essas máquinas, por sua vez, escrevem automaticamente novos algoritmos como *sub-rotinas*, ou novos algoritmos capazes de aprender, sem que para isso tenham que ser supervisionados. Embora nesses algoritmos a aprendizagem seja delegada a um processo probabilístico executado mecanicamente, ela exige a representação consciente de um estado inicial e de um estado final.

É por isso que não podemos jogar a consciência para debaixo do tapete. E é por isso que o *Matrix* continuará indefinidamente a se alimentar de seres conscientes. Talvez o que nos mantém agarrados a essa simulação que forma o nosso senso comum seja o fato de até hoje não podermos explicar a consciência. Sempre relutaremos em abandonar o senso comum ancestral, apesar de ele já ter sido reconhecido como falso pelo conhecimento científico.

Descartes chamava o nosso senso comum de "bom senso", que para ele era a coisa mais bem distribuída entre os homens. O senso comum coincide com a percepção de mundo inserida na ciência clássica. Por exemplo, o realismo cartesiano sustenta que existem corpos coloridos que podem ser tateados, o que demonstra que eles estão fora de nós. Dificilmente conseguiremos superar esse "realismo" e substituí-lo por uma percepção de mundo mais próxima da física contemporânea. O mesmo vale para a dualidade mente-corpo, que está profundamente impregnada na nossa cultura.

Mas o que mais herdamos de Descartes, exatamente? Será que não podemos nos livrar de alguns itens de sua herança? Na visão informacional da filosofia cartesiana, algumas heranças dele ficaram para trás. Por exemplo, a imortalidade da alma não é defensável. A informação é perecível e está sempre sob risco de desaparecer. Ela se perde quando destruímos um pergaminho ou quando apagamos um arquivo no computador. Se a mente for informação, ela poderá desvanecer. Mas o mesmo não ocorre com a matéria. A matéria, pela qual a informação é transmitida, é perene: transformável, mas não destrutível. São as civilizações que desaparecem, tornando-se historicamente indecifráveis, mas não a matéria, com a qual elas foram erguidas. Na visão informacional, não chegamos a um materialismo, no sentido tradicional, ou a algum tipo de monismo, mas a um dualismo às avessas.

Bibliografia

ALANEN, L. " Descartes's dualism and the philosophy of mind". *Revue de Métaphysique et de Morale*, 3: 391-413, 1989.

ANDRADE, E. *A ciência em Descartes: fábula e certeza*. São Paulo: Edições Loyola, 2017.

ARISTÓTELES. *De Anima*. Trad. Maria Cecília Gomes dos Reis. São Paulo: Editora 34, 2006.

BAKER, L. R. *The Metaphysics of Everyday Life: an essay in practical realism*. Cambridge: Cambridge University Press, 2009.

BITENCOURT, J. *Descartes e a invenção do sujeito*. São Paulo: Paulus, 2017.

BOHM, D. "A new theory of the relationship of mind and matter". *Journal of the American Society for Psychic Research*, 80 (2-3): 113-135, 1986.

BORGES, J. L. "Pierre Ménard, autor de Quixote". *In*: *Ficções*. São Paulo: Companhia das Letras, 2007, p. 34-45.

BOSTROM, N. "Ethical issues in advanced artificial intelligence". *In*: SMIT, I.; WALLACH, W.; LASKER, G. E. (eds.). *Cognitive, Emotive and Ethical Aspects of Decision Making in Humans and in Artificial Intelligence*. 1. ed. Windsor: Int. Institute of Advanced Studies in Systems Research and Cybernetics, v. 2, 2003, p. 12-17.

________. *Superintelligence: Paths, Dangers, Strategies*. Oxford: Oxford University Press, 2016.

CHALMERS, D. *The Conscious Mind: In Search of a Fundamental Theory*. Oxford: Oxford University Press, 1996.

COETZEE, J. M. *A vida dos animais*. São Paulo: Companhia das Letras, 2002.

DAMÁSIO, A. *O erro de Descartes: emoção, razão e cérebro humano*. 2 ed. São Paulo: Companhia das Letras, 2006.

________. *Sentir e saber: as origens da consciência*. São Paulo: Companhia das Letras, 2022.

DESCARTES, R; ALQUIÉ, F. (ed.). *Oeuvres Philosophiques de Descartes*. Paris: Garnier Frères, t. I, II e III, 1963.

FLORIDI, L. *Information: A Very Short Introduction*. Oxford: Oxford University Press, 2010.

FOUCAULT, M. *Doença mental e psicologia*. Rio de Janeiro: Tempo Brasileiro, 1975.

FREITAS, B. *As origens da alma: de Homero a Empédocles*. São Paulo: Filo Czar, 2022.

FREUD, S. *Obras Completas de Freud* (coleção completa). Editorial Biblioteca Nova: Madri, 1968.

GALILEI, G. *O ensaiador* (Os Pensadores). São Paulo: Nova Cultural, 2004.

GUEROULT, M. *Descartes segundo a ordem das razões*. São Paulo: Discurso Editorial, 2016.

HEIDEGGER, M. "Die Zeit des Weltbilden". *In*: *Holzwege*. Frankfurt: Vittorio Klostermann, 2003; "La época del imagen del mundo". *In*: *Sendas perdidas*. Trad. José Rovira Armengol. Buenos Aires: Editorial Losada, 1969, p. 68-99.

________. *Os conceitos fundamentais da Metafísica: Mundo, Finitude e Solidão*. Trad. Marco Antônio Casanova. Rio de Janeiro: Forense Universitária, 2011.

LEIBNIZ, G. W. "De Progressione Dyadica" (1679). *In*: Erich HOCHSTETTER, E.; GREVE, H-J. (eds.). *Herrn von Leibniz' Rechnung mit Null und Einz*. Berlim: Siemens Aktiengesellschaft, 1966.

LEVINE, J. "Materialism and qualia: the Explanatory Gap". *Pacific Philosophical Quarterly*, 64: 354-361, 1983.

LÉVI-STRAUSS, C. *Antropologia estrutural II*. São Paulo: Cosac & Naify, 2013.

LIBET, B. "The neural time factor in conscious and unconscious events". *In*: BLOCK, G. R.; MARSH, J. (eds.). *Experimental and theoretical studies of consciousness* (CIBA Foundation Symposium, 174). Nova Iorque: Wiley, 1993, p. 123-146.

LOHR, R. *A máquina de xadrez*. Rio de Janeiro, Record, 1990.

LOSANO, M. *Histórias de Autômatos: Da Grécia antiga à Belle Époque*. São Paulo: Companhia das Letras, 1992.

MATRIX. Direção: Lana e Lilly Wachowski. Produção: Joel Silver. Estados Unidos: Warner Bros, 1999. 1 DVD (136 min.).

MORGAN, R. *Carbono alterado*. Rio de Janeiro: Bertrand Brasil, 2017.

NAGEL, T. "Brain Bisection and the Unity of Consciousness". *Synthese*, 22 (3-4): 396-413, 1971.

______. "Como é ser um Morcego?". *Cadernos de História e Filosofia da Ciência*, 15 (1): 245-262, 2005. Trad. Paulo César Abrantes e Juliana Orione. Disponível em: <https://www.cle.unicamp.br/eprints/index.php/cadernos/article/view/617>.

OPPENHEIMER, R. *Science and the common understanding*. Nova Iorque: Simon & Schuster, 1954.

PINEL, P. *Traité médico-philosophique sur l'aliénation mentale, ou La Manie*. Paris: Richard, Caille et Ravier, 1801; "Tratado medico-filosófico sobre a alienação mental ou a mania". Trad. Maria Vera Pompeo de Camargo Pacheco. *Revista Latinoamericana de Psicopatologia Fundamental*, 7 (4): 117-127, jul-set. 2004.

POPPER, K.; ECCLES, J. *The Self and Its Brain: An Argument for Interactionism*. Berlim: Springer International, 1977.

PUTNAM, H. "Minds and machines". *In*: *Mind, Language and Reality* (Philosophical Papers). Cambridge: Cambridge University Press, v. 2, 1975, p. 362-385.

RAMACHANDRAN, V., HISRTEIN, W. "Three laws of qualia: what neurology tells us about the biological functions of consciousness". *Journal of Consciousness Studies*, 4 (5-6): 429-457, 1997.

RORTY, R. *A Filosofia e o espelho da natureza*. Lisboa: Dom Quixote, 1988.

ROVELLI, C. *A ordem do tempo*. Rio de Janeiro: Objetiva, 2018.

SEARLE, J. R. *A redescoberta da mente*. São Paulo: Martins Fontes, 1997.

SHANNON, C. "A Mathematical Theory of Communication". *The Bell System Technical Journal*, 27 (3): 379-423, 1948.

SLOTERDIJK, P. *O Estranhamento do Mundo*. Lisboa: Relógio D'Água, 2008.

TEIXEIRA, J. de F. "A Teoria da Consciência de David Chalmers". *Psicologia USP*, 8 (2): 109-128, 1997.

________. *A velha xereta: na fronteira entre filosofia e ciência*. São Paulo: Intermeios, 2020.

TEIXEIRA, L. *Ensaio sobre a moral de Descartes*. 2 ed. São Paulo: Brasiliense, 1990.

TURING, A. "Computação e inteligência". *In*: TEIXEIRA, J. de F. (ed.). *Cérebros, Máquinas e Consciência*. Trad. Fábio de Carvalho Hansem. São Carlos: EdUFSCar, 1996, p. 19-60.

WALKER, S. *Animal Thought*. Londres: Routledge & Kegan Paul, 1985.

WIENER, N. *Cybernetics or Control and Communication in the Animal and the Machine*. Cambridge: MIT Press, 1961.

WILLIAMS, B. *Descartes: the project of pure inquiry*. Harmondsworth: Penguin Books, 1978.

WITTGENSTEIN, L. *Philosophical Investigations*. Oxford: Basil Blackwell, v. 2, 1963.

Esta obra foi composta em sistema CTcP
Capa: Supremo 250 g – Miolo: pólen natural 70 g
Impressão e acabamento
Gráfica e Editora Santuário